협상은 영화처럼
영화는 협상처럼

협상은 영화처럼
영화는 협상처럼

2013년 1월 1일 1판 1쇄 발행
2023년 4월 15일 2판 1쇄 발행

지은이 | 박상기
펴낸이 | 양승윤

펴낸곳 | (주)와이엘씨
　　　　서울특별시 강남구 강남대로 354 혜천빌딩 15층
　　　　(전화) 555-3200 (팩스) 552-0436

출판등록 | 1987. 12. 8. 제 1987-000005호
http://www.ylc21.co.kr

ISBN 978-89-8401-257-8　03320

ⓒ 2013, 박상기

값 18,000원

협상은 영화처럼
영화는 협상처럼

박상기 지음

영림카디널

비즈니스는 어차피 협상의 연속!
이왕 알고 있어야 할 협상의 전략과 전술들을
영화로 엮어 보았습니다.
협상 기법이든 영화의 재미든 둘 중 하나는
확실히 건질 수 있기를 바랍니다.

＿박상기

••• 실로 협상의 시대다. 기술과 품질이 아무리 우수해도 협상을 못 하면 제값을 못 받는다. AI가 인간의 지능을 대신하는 4차 산업 혁명의 시대에도 여전히 사람만이 할 수 있는 영역이 있다면, 바로 협상이다. 그리고 그러한 협상을 디자인하고 실행하는 데 있어서 가장 핵심 요소가 바로 협상 기법이다. 얼마나 많은 다양한 협상 기법을 알고 있는가는, 마치 포커 게임에서 얼마나 많은 패를 갖고 게임을 하느냐와 비견할 수 있다. 대한민국 대표 협상전문가인 저자의 책을 통해, 우리가 반드시 알아야 할 주요 협상 기법을 영화란 흥미로운 소재를 통해 재밌고 쉽게 배우고 익힐 수 있다는 것은 독자로서 너무나 커다란 혜택이자 행운이다.

– 임병걸 전 KBS부사장

••• 이 책을 읽기 전에는 사람들이 얼마나 다양한 협상 기법들을 사용하고 있는지 몰랐다. 그리고 미국·유럽·중국 등 우리나라의 주요 무역대상 국가들의 협상이 얼마나 고도화되어 있고 체계화되어 있는지, 우리나라의 협상 역량이 얼마나 부족한지 소름이 끼칠 정도로 섬찟하게 느껴져 놀랐다. 기업뿐만 아니라 정부의 외교통상 협상 담당자들 모두 빠짐없이 읽어야 하는 협상의 필독서이다!

– 유장희(전 동반성장 위원장)

••• 이 책을 읽은 사람과 안 읽은 사람이 협상한다면, 안 읽은 사람은 자신이 상대를 완전히 이겼다고 착각하고, 읽은 사람은 상대를 거의 어린아이처럼 다루며 자신의 목표를 100% 달성할 수 있을 것을 확신한다. 이제 세상은 이 책을 읽은 사람과 읽지 않은 사람으로 양분될 것이다.

– 강석훈(KDB 산업은행 회장)

••• 협상은 주고받고 나누고 더하고 곱하는 기술 속에 서로가 Win-Win을 할 수 있는 일련의 과정이다. 이러한 측면에서, 평상시 단순한 재미와 감동으로 봐왔던 영화 장면들 속에 이토록 치밀하고 강력한 협상 기법들이 감춰져 있는 줄 몰랐다. 협상의 종착지가 이익의 일치점인 것처럼, 고수가 되려면 상대의 마음의 욕구를 읽어야 하는 것처럼, 협상은 예술이다. 인문학적 지혜와 삶의 교훈이 가

득한 이 책의 사례는 비즈니스 종사자들이라면 반드시 읽어야 하는 필독서이다!

－김도균(직전 한국체육학회 회장)

●●● 돌이켜 보니 지난 35년간 종사해온 금융업에서 마주했던 수많은 상황 속에 다양한 협상의 역학이 작동하고 있었음을 깨닫게 되었다. 진작 이 책을 알았다면 그 상황들에서 더 나은 결과를 얻을 수 있지 않았을까. 영화처럼 흥미진진한 구성이 책장을 수월하게 넘길 수 있게 하는 소위 Page Turner라고 할 만하다.

－권희백(한화자산운영 대표이사)

●●● 협상이란 것이 단순히 말을 잘한다는 것이 아니란 것을 알게 되었다. 상대가 외치는 윈윈 협상이란 것이, 나에게는 결코 윈윈 협상이 아니라는 걸 너무도 쉽게 이해시켜 준 놀라운 책이다!

－윤은기(경영학박사, 한국협업진흥협회 회장, 24대 중앙공무원교육원장)

●●● 한국사를 살펴보면 한국인의 단점 중 하나가 시야가 좁고 전략적 마인드가 부족하다는 것이다. 그러다 보니 외국과의 협상에서 우리가 수를 잘못 두는 바람에 비참한 운명에 처한 경우가 적지 않았다. 근대화 과정에서 백인에 대한 콤플렉스가 생긴 것도 상황을

악화시켰다. 이러한 풍토를 개선하기란 쉽지 않은데, 한국에서 백인들을 가장 잘 다루는 박상기 대표는 영화라는 대중적인 매개체를 이용해 전략적 마인드를 손쉽게 키워주고 있다.

여러분은 친근한 이웃집 형이 설명해주는 것 같은 그의 유려한 문체를 따라가다 보면 어느새 협상의 달인이 되기 위한 기초를 쌓은 자신을 발견할 것이다.

– 박영철(미디어빌 발행인, 전 시사저널 편집국장, 조선일보 기자 25년)

••• 영화로 배우는 협상이라고 해서 편한 마음으로 끝까지 재미있게 읽었다. 읽고 나서 느낀 것은, 어지간한 협상 전문서보다 더 전문적이고 깊이 있는 협상 전략전술의 설명을 알게 되었다는 것이다.

– 송의달(전 조선비즈 대표, 조선일보 편집국 부국장)

••• 박상기 교수의 영화 장면을 적절히 활용한 Business Negotiation Game Changer 강의는 대단히 뛰어났다. 미국에서도 충분히 쓰일 수 있는 비즈니스 협상 강의다.

– Dr. Steve Wheelwright(전 하버드 비즈니스 스쿨 학장)

••• 한 치 앞도 내다보기 힘든 오늘날의 국제 외교와 비즈니스 협상 상황에서 다양한 고민을 하고 있을 독자들에게 좋은 지침서가 될 것이라 믿는다.

— 안세영(서강대학교 국제경영학부 교수, 국제통상학회 부회장)

••• 오랫동안 비즈니스 협상의 최전선에서 활발하게 활동해 온 저자는 이 책에서 그동안 실무와 이론을 통해 체득한 협상의 노하우를 영화를 통해 멋지게 풀어내고 있다.

— 김영헌(포스코 전무, 포스코 미래창조아카데미 원장, 전국 인재개발원장연합회장)

••• 독자들은 책 속에서 BATNA(대안), 레드 헤링 같은 협상 이론의 개념들을 한결 흥미진진하게 학습할 수 있을 것이다.

— 임혁(한국경제신문 경제월간지 〈머니〉 편집장)

••• 고도의 협상력을 필요로 하는 이때에 이 책을 가장 먼저 접할 수 있게 된 것은 매우 큰 행운이라 생각하며 협상을 필요로 하는 모든 이에게 권하고 싶다.

— 서용교(전 국회의원)

10

●●● 이 책은 협상이 우리의 실생활과 얼마나 밀접한지를 영화를 통해 다시 한번 느낄 수 있게 해 주었다.

– 박계두(KT 홈고객전략담당 상무, 경영학 박사)

●●● 그냥 가볍게 영화 한 편 보는 마음으로 이 책의 일독을 권한다. 간과했던, 그렇지만 쉽고도 재미있는 삶의 지혜들이 꼬리를 물듯 우리에게로 올 것이다.

– 한준기(한국마이크로소프트 HR담당 총괄 상무)

:: 차례

치밀한 교란작전,
레드 헤링을 영화로 만나다

- ▓ **제목** : 인사이드맨
- ▓ **원제** : Inside Man
- ▓ **제작년도** : 2006년
- ▓ **감독** : 스파이크 리
- ▓ **배우** : 덴젤 워싱턴, 클라이브 오웬, 조디 포스터, 크리스토퍼 플러머, 윌렘 데포

나른한 어느 날 오후, 뉴욕 월스트리트에 있는 맨해튼 신용은행 안으로 한 무리의 페인팅 업체 인부들이 들어선다. 이들은 다름 아닌 은행 강도들이다. 창구 앞에 늘어서 있는 사람들로 분주한 로비. 육감적인 몸매의 한 아가씨가 주위의 시선은 아랑곳하지 않고 큰 소리로 전화 통화를 계속하자 이를 제지하는 경비요원들(사실 그녀도 은행 강도들과 한패였다). 일당의 리더 격인 달튼 러셀(클라이브 오웬)이 혼란한 상황에서 곳곳에 설치된 감시카메라를 향해 차분히 적외선 랜턴을 하나씩 하나씩 비추자 보안통제실에 설치된 감시카메라의 스크린이 하나둘씩 꺼져간다. 그사이 나머지 일당이 모두 은행 안으로 들어오고 일사불란하게 출입문을 봉쇄해 버린다. 이어서 마스크와 선글라스로 얼굴을 완전히 가린 채 서로의 이름조차 '스티브'로만 부르는 무장 강도들은 모든 인질들을 한자리에 모이게 한 후 휴대전화와 무선호출기를 압수한다. 동시에 자신들과 똑같은 작업복을 입히고 얼굴에 두건까지 쓰게 해 누가 무장 강도이고 누가 인질인지조차 분간할 수 없게 만들어 극심한 혼란에 빠뜨린다. 외부와 완전히 차단된 채 무장 강도들에게 점거 당한 맨해튼 은행. 이제부터 러셀 일당의 예측불허의 완벽한 은행털이가 시작된다.

상대가 이용할 수 있는 모든 정보의 유출을 차단하라

: 정보보안(Information security)

은행처럼 경비가 삼엄한 곳도 드물 것이다. 그리고 만일의 범죄 상황이 발생했을 경우 진압을 위한, 그리고 사건 발생 후 범인 검거와 도난당한 재산의 추적과 회수를 위한 최첨단 경비 시스템이 설치되어 운영되고 있다. 즉 은행을 털고도 잡히지 않으려면 애초부터 자신들이 장악한 은행 내부 상황에 대한 정보가 외부로 유출되지 않도록 철저한 보안을 유지하는 것이 성공의 관건이 되는 것이다.

앞서 등장한 육감적인 그 아가씨 역시 공범이었다. 이렇듯 상대의 경계를 분산시키면서 은행의 보안시스템을 마비시키는 러셀 일당의 치밀함이 엿보이는 장면이다.

필자가 국내 모 자동차 회사의 해외영업 확대를 위한 컨설팅을 했을 때의 일이다. 현재 가장 골치 아픈 문제가 무엇이냐는 필자의 질문에 한 고위 임원이 이렇게 답변했다. "어떻게 알았는지 현지 딜러들이 무슨 이야기를 할지 어떤 조건을 제시할지 벌써 다 알고 있는 거예요. 이래서야 협상이 제대로 되겠습니까?" 실로 심각한 문제가 아닐 수 없다.

흔히 협상의 3대 요소로 정보, 시간 그리고 파워를 꼽는다. 그 가운데 가장 중요한 것이 정보이다. 상대의 정보를 수집하는 것도 중요하지만, 자신의 기밀 정보를 노출하지 않고 보안을 유지하는 것은 더욱 중요하다. 한 마디로 상대가 이용할 수 있는 자신의 정보는 칠저한 보안으로 누수를 막아 약점이나 협상전략을 노출하지 않고, 그 반대로 상대의 정보는 모든 가능한 직간접 경로를 통해 수집한 후 면밀한 조사와 분석을 거쳐 상대의 약점과 전략전술을 사전에 파악하고 있어야 한다. 정보 보안에 실패하여 상대에게 자신의 약점과 협상전략을 노출한 팀에게 성공적인 협상이란 이미 물 건너간 셈이다. 정보보안, 이것이 바로 성공협상의 출발점이다.

―――

협상 결렬을 들먹여 핵심정보를 자복하게 하라
: Confession by being prepared to walk away

무장 강도들이 은행을 점거하고 있던 바로 그 시각. 자신이 검거한 마약범죄자들이 파 놓은 함정에 빠져 마약거래대금 은닉 혐의를 뒤집어 쓴 채 징계를 받고 있던 뉴욕경찰서 소속 인질 협상전문가인 키스 프레이저 형사(덴젤 워싱턴). 마침 인질 협상전문가인 동료의 휴가로 이번 인질사건을 대신 맡아 해결하라는 서장의 지시에 구사일생의 기회라 생각하며 현장으로 긴급 출동한다.

한편 맨해튼 신용은행의 소유주인 아서 케이시(크리스토퍼 플러머)는 익스체인지 플레이스 지점이 조금 전 은행 강도들에게 점거됐다는 소식을 듣고 당혹스러움을 애써 감추려 하지만 청천벽력 같은 소식에 자리에 털썩 주저앉고 만다. 60여 년 전, 제2차 세계대전 중 부유한 유대인 친구들을 나치에게 넘겨 수용소 독가스실에서 죽어가게 한 대가로 그들의 막대한 재산을 가로챈 그는 전쟁이 끝난 후 미국으로 건너와 1948년도에 맨해튼 신용은행을 설립하고 금융가로서, 그리고 명망 높은 자선사업가로서 새로운 인생을 시작한 것이다. 바로 그때 자신이 나치 전범임이 밝혀질 서류와 수억 달러어치의 다이아몬드를 이 은행 지하 개인보관함에 남몰래 넣어 놓고서 두 번 다시 열지 않은 채 오늘에 이르렀던 것이다. 만약 자신이 나치 전범임을 입증하는 서류가 은행털이범에 의해 세상에 공개된다면 파멸은 불을 보듯 자명한 일이었다.

다급해진 그는 정재계 거물들의 골칫거리를 비밀리에 해결해 주는 전문가인 매들린 화이트(조디 포스터)에게 은행 개인 금고에 가보가 들어 있다고 둘러대며 어떻게든 찾아 달라고 부탁한다. 허드슨 강을 끼고 산책로를 나란히 걸어가며 이야기를 나누는 두 사람. 내용물이 정확하게 무엇인지를 밝히지 않는 아서 케이스에게 매들린의 압박이 가해진다.

> 매들린 그게 뭔지 알 필요 없다면 굳이 묻진 않죠. 하지만, 야구 카드
> 라고 했다가 핵미사일 발사 암호로 밝혀지면 우리 거래는 끝
> 이에요.

자신의 속마음을 무턱대고 털어놓는, 더구나 자신의 치부를 묻는 대로 알려주는 순진무구한 영혼의 소유자를 협상테이블에서 만날 수 있으리라 기대하지 말라. 그렇다고 내게 필요한 정보를 상대가 알려 주지 않는다고 넋 놓고 있어서는 더욱더 안 될 일이다.

상대가 당신과 거래하려는 이유는 바로 당신이 제일 적임자이

고, 당신의 상품이 가장 매력적이며, 당신의 제품이나 서비스가 최선의 선택이라고 판단했기에 당신을 찾아 왔음을 기억하라. 쉽게 말해서 어지간해서는 당신을 놓치고 싶지 않은 상황일 수도 있다는 것이다.

당신이나 당신의 상품이 결코 놓칠 수 없는 것이라면 상대는 당신이 요구하는 정보와 원하는 조건을 무작정 거부할 수는 없을 것이다. 당신이 요구하는 조건이나 정보를 제공하지 않아 다 된 밥에 재를 뿌릴 수는 없는 노릇이니 말이다. 이럴 때는 상대에게 현재 상황의 절박함을 일깨우고, 소탐대실(小貪大失)의 실수를 저질러서는 안 된다는 직간접적인 메시지를 전하라. 그래도 안 되면 영화 장면의 매들린의 말처럼 부득불 협상이 결렬(Breakdown)될 수 있음을 밝혀 상대를 압박하라.

———

안 되면 되게 하라 : 5P 설득전략(5P Persuasion Strategy)

사건 현장으로 사이렌을 울리며 들어서는 검정색 대형 SUV. 영문도 모른 채 차에 오르는 프레이저 형사를 차 안에 있던 뉴욕 시장과 매들린이 맞이한다. 시장은 프레이저 형사에게 매들린은 영향력이 큰 인물이니 도와주라고 지시한다. 그러나 매들린의 개입을 달가워하지 않는 프레이저 형사.

매들린 (프레이저 형사를 바라보며) 시장님 말씀은 당신 연봉 수준으로는 감당할 수 없는 일이 지금 벌어지고 있다는 것이죠. 그리고 잘만하면 승진도 시켜 드릴 수 있고, 마약조직의 14만 달러 은닉건도 해결하셔야 되지 않겠어요?

프레이저 (당혹스러움을 애써 감추며) 저는 그 일과 아무런 관계도 없습니다.

협상 상대가 좀처럼 받아들이지 않을 거북한 제안을 해야 한다면, 상대에게 영향력을 행사할 수 있는 제3자를 내세워 상대를 압박하고 회유하는 것이 효과적이다. 여기에 그 5가지 전략 포인트를 소개한다.

첫 번째는 장소(Place)이다. 최소한 상대의 권위나 파워가 위력을 발휘할 수 있는 장소, 예를 들면 상대의 사무실이나 상대 직원들의 내왕이 잦거나 시선을 끌 수 있는 장소를 삼가라. 심리적으로 경계 상태를 유지해 설득의 어려움을 겪을 소지가 있다. 가능하면 당신의 파워를 느끼게 할 수 있는 장소나 환경, 아니면 최소한 경계심을 풀 수 있는 중립적인 환경으로 상대를 끌어 들여라.

두 번째는 사람(Person)이다. 상대에게 직간접적인 영향력을 행사할 수 있는 사람을 동반하라. 직장 내 상사나 선배 혹은 감독기관이나 관련 조직의 책임자가 일반적으로 적당하다.

세 번째는 파워(Power)이다. 직위, 재력, 명성, 인맥, 영향력 등 상대가 인지할 수 있고, 위력을 발휘할 수 있는 당신의 파워 요소를 내비쳐라. 비즈니스 협상에서는 부동의 브랜드 파워, 승승장구의 시장점유율, 독보적인 기술력, 막강한 자금력, 뛰어난 판매망 등 다양한 파워를 제시할 수 있다. 어쩌면 상대는 당신의 이러한 파워를 동경하고, 이번 거래를 기회로 앞으로 당신의 덕을 볼 수도 있을 것이라는 기대를 가질지도 모를 일이다.

네 번째는 압박(Pressure)이다. 상대의 약점과 욕망을 사전에 파악하여, 상대가 긍정적이면 상대의 욕망을 자극하고, 부정적이면 약점을 들춰내어 상대의 저항을 적절히 무력화시켜라.

마지막으로 다섯 번째는 선물(Present)이다. 협조나 수고의 대가로 유형무형의 선물을 제안하라. 한마디로 밑지는 거래가 아님을 확신시키고 우호적인 관계를 증진하는데 도움이 된다.

매들린은 프레이저 형사의 영향력이 미치지 않는 차량 안(Place)에서 시장(Person)을 대동한 채 자신이 대단한 인물(Power)이라는 분위기를 연출한 상황에서 징계위기에 놓인 사건을 언급함(Pressure)과 동시에 승진과 무혐의 처분에 대한 기대감(Present)을 느낄 수 있는 말로 완벽한 설득전략을 구사하고 있다.

———

최고의 기만협상전략 : 레드 헤링(Red herring)

매들린과 프레이저 형사가 사건 해결에 골몰하고 있는 상황에서 은행 강도의 리더인 러셀의 요청으로 범인들과 인질들이 먹을 피자와 음료수가 은행으로 들여보내지는 데, 피자 상자에는 인질범들의 대화를 엿들을 수 있도록 도청기가 숨겨져 있다.

잠시 후 도청기를 통해 들려오는 대화 소리. 그런데 도저히 알아

들을 수 없는 낯선 외국어가 아닌가? 이리저리 수소문 끝에 알바니아어라는 것을 알게 된 경찰은 알바니아 여인을 급히 현장 지휘본부 차량 안으로 불러 들여 대화를 들려준다. 대화 내용을 가만히 듣던 여인이 웃음을 터뜨린다.

알바니아 여인 이 내용 알아요, 말한 사람도. 바로 알바니아의 전 대통령인 엔버 호자예요.

프레이저 형사 전직 대통령이 은행을 턴단 말이요?

알바니아 여인 죽었죠. 생전의 연설 테이프죠. 국민의 애국심을 강조하는, 공산주의가 최고다, 자본주의는 악마다. 레닌, 마르크스가 어쩌고저쩌고, 이 사건과 별 상관없을 걸요.

프레이저 형사의 얼굴에는 한방 먹었다는 곤혹스러움이 그대로 드러난다. 같은 시각, 은행 한 구석에서 피자를 먹으며 은행 강도 일당 중 한 명이 피자 포장상자에 감춰진 도청기 앞에서 알바니아 전 대통령의 육성 연설 테이프를 큰 소리로 틀어 놓고 있다.

이 영화에서 러셀 일당이 전개한 전체적인 협상전략을 한마디로 말한다면 레드 헤링(Red herring), 즉 붉은 청어 전략이다. 청어는 말린 후 소금에 절이면 검붉은 색으로 변하게 되는데, 그 냄새가 마치 훈제연어와 흡사하다. 영국 왕실의 여우사냥에 반대하는 동물보호론자들이 여우사냥 길목에 붉은 청어를 끌고 다니면 여우 냄새를 덮어버려 사냥개가 더 이상 여우를 쫓지 못했다고 한다. 즉 사냥개를 교란시키는 방법이다. 따라서 레드 헤링은 치밀한 교란전략이라고 할 수 있다.

이 레드 헤링은 여러 협상전략 중 가장 지능적인 방법이고, 동시에 사전준비 과정이 가장 어려우며, 협상팀 전체의 완벽한 팀워크와 뛰어난 연기력이 필요하다. 한 마디로 최고의 협상기법 중 하나인 것이다.

영화에서 은행 강도의 리더가 자신과 담판 협상을 하러 온 매들린에게 "나는 이번 사건을 완벽하게 계획했다"라고 말하는 장면이 나온다.

레드 헤링 전략이 성공하기 위해서는 자신의 실질적 협상목표를 상대가 낌새조차 알아차리지 못하도록 완벽하게 위장한 채, 상대가 느끼기에 다급하거나 위급한 상황을 지속적으로 연출해야 한

협상은 영화처럼 영화는 협상처럼

다. 그러면 협상 진행 내내 상대가 거짓 협상 사안이나 상황에 몰려 유도한 대로 허겁지겁 따라만 오다 당신이 제시한 타협안에 걸려들게 되는 것이다.

통상적으로 이 레드 헤링에 걸린 상대는 협상이 종료되고 난 이후에도 자신이 상대의 레드 헤링에 넘어갔다는 사실조차 감지하지 못하는 경우가 허다하리만큼 대단히 정교한 협상기법이다.

성공적인 레드 헤링을 위해 자주 등장하는 조역들로는 첫 번째로 허위정보(Planted information), 두 번째로 시간 압박(Time pressure), 세 번째로 위장 전선(Bogus agenda), 네 번째로 맞교환(Trade-off)이 있다.

레드 헤링의 통상적인 전개 순서는 다음과 같다. 1단계는 협상에서 달성하고자 하는 목표를 정확히 파악하는 것이다. 2단계는 상대를 면밀히 분석하여 약점이나 주요 관심사항을 파악하는 것이다. 3단계는 자신의 협상목표는 드러내지 않은 채, 상대의 주요 협상목표나 사안을 협의하면서 상대의 약점을 부각시켜 협상결렬의 위기 상황을 연출하는 것이다. 4단계는 상대가 예상한 협상시한이 임박할 때까지 상대의 제안을 거부하며 시간을 보내는 것이다. 5단계는 자신의 제안을 상대가 조속히 수용하지 않을 경우에 다른 경쟁업체로 계약전환을 하거나 계약이 무산될 수도 있음을 암시하여, 협상 결렬에 따른 심각한 피해가 발생할 것이라는 두려움을 일으키는 것이다. 6단계는 상대의 위기상황을 해결해 주는 대신 적정한 타협이나 절충은 불가피하다며, 이제껏 숨겨 온 협상목표를 실현해 주는 내용을 포함한 최종 타협안을 던져 협상을 마무리 짓는 것이다. 7단계는 협상이 종결되고 아무리 세월이 흘러도 결코 레드 헤링 진술이었음을 노출하지 않는 것이다.

　결국 사상자도 전혀 없고, 은행에 있는 돈에도 손을 대지 않은 채 인질들과 똑같은 복장으로 위장하여 밖으로 나온 은행털이범들은 한 명도 붙잡히지 않은 채 탈출에 성공한다. 사건은 그렇게 종결되고, 며칠 동안 은행 안에 숨어 있던 러셀은 경찰들이 현장에서 완전히 철수한 후 나치 전범인 은행 소유주의 개인 비밀금고에 있던 수억 달러의 다이아몬드를 싸 짊어지고 백주 대낮에 은행 정문으로 유유히 걸어 나온다. 경찰은 범인들이 무엇을 훔쳤는지조차 감도 잡지 못한 채 상황은 종료된다. 은행 강도의 인질협상극을 배경으로 최고의 협상 기만술인 레드 헤링의 진수를 느낄 수 있는 영화 〈인사이드 맨〉이었다.

소니 오가 회장의
레드 헤링 협상전략

조 네이선이 지은《소니 4인의 CEO》라는 책을 보면 이런 이야기가
나온다.

1965년, 소니의 오가 회장은 필립스 일렉트로닉스 NV의 아시아
지국장인 비세 데커를 만나 필립스가 이제 막 개발한 카세트테이프
에 대해 협의했다. 필립스는 카세트테이프의 세계 규격을 놓고 텔
레푼겐이나 그룬디히와 경쟁하고 있었으므로 일본 전자메이커의
지지가 간절한 상황이었다. 오가 회장은 그룬디히의 카세트가 필립
스의 카세트보다 더 진보된 것으로 판단했다. 하지만 오가 회장은
소니가 필립스와 제휴해야 한다고 일찌감치 결정해 놓은 상태였다.
왜냐하면 필립스는 브랜드 가치로 볼 때 그룬디히보다 세계적으로
활발하게 활약하고 있으며 조직도 강하고, 장차 소니의 성장에 공
헌할 바가 크다고 전망한 것이다.

오가 회장은 영어보다 더 편하게 구사할 수 있는 독일어로 카세
트 채택 문제를 놓고 맥스 그룬디히와 개인적으로 이야기하는 중이
라고 데커에게 말했다. 만약 소니가 그룬디히와 제휴한다면 두 회
사의 시장점유율로 보건데 유럽과 미국과 일본을 지배할 수 있을
것이며, 필립스는 세계 기준을 통제할 기회를 잃게 될 것이 분명했

다. 하지만 소니가 필립스와 손을 잡는다면 필립스의 세계제패는 확실해 진다. 오가 회장은 필립스가 특허 사용료를 완전히 포기한 다면 제휴에 동의할 용의가 있다고 전했고, 필립스의 데커 지국장 은 이에 합의한다.

1966년, 오가 회장은 데커를 지렛대로 삼아 필립스와 자유로운 크로스 라이센스 계약을 체결했다. 양사는 상대방의 기술이나 제조 공정에 대한 무료 사용권을 가진다는 계약을 체결한 것이다. 이것 은 소니에게 있어 2가지 이유로 중대한 사안이었다.

당시까지는 제품을 개발할 때 셀 수 없을 정도로 많은 필립스의 특허에 대하여 특허료를 지불해야 했지만 이 계약으로 장애요소가 영원히 제거되었다. 따라서 비용절감과 시장점유율 모두에서 이익 을 보게 된 것이다.

상대가 수용할 조건으로
일단 합의를 유도하라

- 🎬 **제목** : 월 스트리트
- 🎬 **원제** : Wall Street
- 🎬 **제작년도** : 1987년
- 🎬 **감독** : 올리버 스톤
- 🎬 **배우** : 마이클 더글러스, 찰리 쉰, 대릴 해나, 마틴 쉰, 숀 영

가진 것도 없고 별 배경도 없이 오로지 돈에 대한 끝없는 탐욕으로 막대한 부를 이룬 금융전문가 고든 게코(마이클 더글러스). 또한 지방 대학 출신으로 어떻게든 월스트리트에서 성공해 보겠다고 게코를 찾아 온 버드 폭스(찰리 쉰). 두 사람은 악어와 악어새의 관계를 구축한다. 폭스의 첫 번째 성공작은 바로 월스트리트의 큰손인 래리가 추진하고 있는 애너콧 제철 인수계획을 사전에 알아내어 게코로 하여금 해외 차명계좌를 동원해 암암리에 상당한 물량의 주식을 매입한 후, '블루 호스 슈(Blue Horse Shoe, 미국의 유명한 기업 인수합병 컨설팅 기업), 즉 래리가 애너콧 제철을 원한다'는 정보를 시장에 흘려 애너콧의 주가가 폭등하도록 유도하여 큰 건 하나를 올리게 만들어 준 것이었다. 영화는 바로 이러한 상황을 배경으로 게코와 래리 사이의 숨 막히는 협상의 진수를 농도 짙게 보여준다.

당신에게 유리한 장소를 선택하라

뉴욕의 롱아일랜드 해변에 위치한 고급 저택. 증권가의 큰손인 고든 게코의 집이다. 일요일 저녁, 뉴욕에서 내로라하는 유명인사들만 초대된 파티가 한창 무르익어 가는 데, 게코를 찾는 전화 벨소리가 울린다. 상당한 재력을 바탕으로 미국과 영국을 중심으로 막대한 투자사업을 하고 있는 월스트리트의 큰손인 래리에게서 걸려온 전화였다.

집사 (게코에게) 와일드맨 경(래리)의 전화입니다. 급하시다는 데요.

연일 최고가를 경신하는 애너콧 제철 주식의 작전 배후가 게코임을 파악한 래리가 이제 협상을 걸어오기 시작한 것이다. 드디어 게코가 던진 미끼에 래리라는 대어가 낚인 것이다. 게코로서는 이제 서두르지 않고 느긋하게 래리의 속을 끓여 값을 한껏 올린 후 차익을 챙기는 협상만이 남은 상황이다.

게코 (뜻밖이라는 듯) 래리, 자네가 웬일인가?
래리 고든(게코) 자네를 만나고 싶네.
게코 내일까지 기다려 줄 수 있겠나? 지금은 집에 손님들이 많아서.
래리 안돼. 이 일은 지체할 수 없어. 중요한 건이야.
게코 좋아. 정 그렇다면 우리 집으로 오게.

자신을 만나고 싶다는 래리의 전화에 지금은 파티 중이니 내일 보자고 하는 게코. 하지만 다급한 마음에 부득불 당장 만나야 한다고 말하는 래리. 그 말에 게코는 자신의 집으로 오라고 말하며 전화를 끊는다. 얼마 후 야심한 시각임에도 불구하고 래리는 고문변호사와 함께 게코의 저택 현관에 들어선다. 게코의 아내인 케이트(손영)가 다정하게 래리를 맞는다.

케이트 래리, 그동안 어떻게 지내셨어요?

래리 잘 지냈죠. 사실 계속 출장만 다녔죠.

게코 (환한 미소를 머금고 반갑게 다가온다) 래리! 이런 결례, 래리 경!
   잘 있었나? 야! 정말 대단해 보이는데.

게코의 환대에도 불구하고 그를 바라보는 래리의 눈빛이 섬뜩하리만치 차갑다. 왜 안 그렇겠는가? 게코가 애너콧 제철 주식을 가지고 장난만 치지 않았어도, 주가는 여전히 낮았을 것이고 적은 비용으로 별 어려움 없이 인수할 수 있었는데, 단 며칠 만에 주가가 주당 45달러에서 55달러로 치솟은 것이다. 게다가 조만간 75달러까지 오를 것이라는 전망이 나오게 된 원인이 바로 이 파렴치한 게코 때문이 아니던가? 아무리 표정관리를 하려 해도 그렇게 될 상황이 아닌 것이다.

게코 우리 위층으로 자리를 옮길까?

래리 그러지.

자리를 옮기자는 게코의 말에 래리 역시 사람들의 눈과 귀가 많고 소란스러운 주변이 부담스러운 듯 이에 응한다. 두 사람은 파티의 소란스러움을 피해 게코의 서재로 자리를 옮긴다. 2층에 있는 게코의 서재로 올라가는 래리. 벽마다 걸려 있는 값비싼 유명 화가의 그림, 희귀하고 값진 골동품들, 잘 배치된 고급스러운 가구, 장식장 가득히 쌓여 있는 희귀한 총기류. 거부인 래리조차 두리번거리며 구경한다. 뒤를 따라가며 이런 래리의 모습을 지켜보는 게코의 얼굴에 묘한 미소가 번진다.

서재를 돌아보던 래리의 시선이 희귀한 총들로 가득 찬 진열장으로 쏠린다. 이때를 놓칠세라 게코는 진열장 문을 열고 조심스레 권총 한 자루를 꺼내든다.

게코 (뿌듯해 하며) 세계에서 가장 희귀한 권총이지. 45구경 루거야. 단 6정만 제작됐다지.

래리 축하하네.

상대의 예봉을 꺾는 기선제압 : 장소선택(Venue)

래리는 뉴욕의 사무실에서 만나 이야기를 나누면 더 편할 텐데, 게코가 왜 굳이 자기 집으로 오라고 했는지 궁금해 하지 않는다. 그러나 정작 게코의 거대하고 화려한 호화 저택에 와 보니, 게코가 돈 몇 푼 벌겠다고 작전주나 다루던 떨거지가 아니라, 이제는 제법 상당한 재력과 영향력을 갖춘 쟁쟁한 거물 투자자로 성장했음을 부인할 수 없다는 것을 느낀다. 게코는 바로 이 점을 노린 것이다. 또한

상대가 수용할 조건으로 일단 합의를 유도하라

저택의 그 많은 방들 중에서도 굳이 자신의 서재로 장소를 옮긴 것은 그러한 자신의 재력과 입지를 더욱더 선명하게 상대에게 각인시키고자 하는 치밀한 계산이었다.

사람은 누구나 상대적 취약점이 있기 마련이다. 따라서 상대의 파워가 느껴지는 곳보다는 자신의 파워가 느껴지는 곳에서, 상대가 우월감을 느끼는 상황보다는 자신의 우월함을 보일 수 있는 상황을 선택하고 그곳으로 상대를 이끌어 가야 한다. 거대한 사옥, 공장, 설비, 기업규모, 거래규모, 브랜드 파워, 시장 점유율, 기술력, 자본력 등 기업적인 요소와 더불어 학력, 재력, 인맥, 높은 교양 수준, 인품 등 대단히 사적인 요소 등 상대를 압도할 수 있는 조건과 상황을 연출하여 상대를 심리적으로 위축시켜 기선을 제압하라.

요즘에는 우리나라 기업들의 위상도 세계적인 글로벌 기업들과 어깨를 견주는 수준에 이르렀지만, 필자가 직장 생활을 막 시작했던 1990년에만 해도 외국인들 중에서 우리나라의 주요 대기업의 이름을 아는 경우도 드물었고, 코리아가 나라 이름인지조차도 잘 모를 만큼 우리는 여전히 은둔의 나라였다.

지금은 우리나라의 기업들이 글로벌 기업으로 우뚝 섰지만, 당시만 해도 미국이나 일본에 비해 품질이 낮은 저가의 자동차와 산업기계를 만드는 낯선 기업의 하나 정도로 대충 인식되고 있던 시절에 필자가 첫 직장에서 경험한 이야기이다.

비즈니스 협상이라는 것은 상대에게 어떻게 인식되는 가에 따라 가격과 계약조건이 크게 달라지는 경향이 강하다. 즉 사업규모, 기술수준, 우수한 인력과 설비, 시장점유율, 브랜드 파워 등이 우수하

협상은 영화처럼 영화는 협상처럼

다고 판단되면, 즉 강한 상대로 느껴지면 협상에서 우호적이고 협력적인 태도로의 변화가 일어나고 결국 원하는 계약조건으로 합의하는 데 있어 상대의 심리적 저항을 줄이는 효과가 있다.

따라서 당시에 필자의 회사가 택한 협상 전략은 '관광'이었다. 본격적인 계약 협상을 하기에 앞서, 방한한 외국의 바이어와 거래처 인사들을 데리고 울산으로 내려가는 것이다. 당시만 해도 요즘 같은 인터넷 환경이 갖추어지지 않아 기업의 홈페이지를 방문해서 사전에 꼼꼼히 상대 기업의 현황을 파악하기도 쉽지 않았던 시절이었다. 그래서 외국인들이 방한 전 이런저런 얘기를 듣기는 들었지만, '한국 기업이 뭐 거기서 거기지' 하는 선입견에 우리 기업들을 우습게 보는 경향이 있었다.

그런 그들에게 세계 최대의 조선소, 세계 최대의 자동차 생산 공장, 세계 최대의 컨테이너 공장 등 눈이 휘둥그레지고 입이 딱 벌어질 수밖에 없는 '현장'을 보여준 다음 서울로 돌아와서 협상을 시작하면, 처음과는 전혀 다른 시각과 태도로 '고분고분' 협상에 임하는 모습을 자주 볼 수 있었다. 백문이 불여일견! 능력을 보여주어라. 신뢰와 호감을 얻을 것이다.

자중지란을 연출하여 상대를 현혹하라

: 굿가이 배드가이 전술(Good guy, Bad guy)

거물인 래리가 주말의 야심한 시각에 체면 불구하고 평소 거들떠보지도 않던 게코의 저택까지 온 데는 다급한 사정이 있었다. 바로 애너콧 제철. 그는 몇몇 투자자들과 함께 비밀리에 인수 작업을 추진해 오고 있었다. 그런데 끈질기게 뒤를 캐온 버드 폭스에게 인수계획이 노출되었고, 인수정보를 보고 받은 게코는 자신의 해외 차명 계좌를 이용하여 암암리에 애너콧 제철 주식을 상당량 매입했던 것이다. 그러고는 큰손인 래리가 이번에는 애너콧 제철 인수에 손을 댔다는 정보를 증권가에 흘린다. 이 소식은 주식시장에서 특급 정보로 퍼지기 시작했고, 주가는 연일 가파르게 치솟기 시작한다.

이런 추세로 가다가는 감당할 수 없는 초기 인수자금에 대한 부담으로 인수 자체가 무산될 뿐 아니라, 인수한다손 치더라도 사업성을 장담하기 힘들 것이 명백했다. 이러한 이유로 래리는 급히 게코와 담판을 짓기 위해 여기까지 온 것이다.

그러나 전혀 빈틈을 보이지 않는 게코. 그 누구에게도 굽히지 않던 자존심까지 구겨가며 통사정을 해보지만 끝끝내 외면해버리는 게코를 향해 래리의 분노가 폭발한다. 마음만 먹으면 지금 당장이라도 게코의 회사 정도는 몇 개라도 파산시킬 수도 있다고 강도 높게 협박을 가한다. 그러나 이 같은 협박에도 게코는 위축되기는커녕 오히려 고개를 빳빳이 치켜들고 눈을 내리깔며 무심히 듣고 서 있다. 협박이 뜻대로 먹혀들지 않자 슬쩍 꼬리를 내리는 래리. 게코가 사들인 애너콧 체철의 주식을 자신에게 넘기라고 제안한다. 주당 가격은 65달러로 해 줄 테니 그 선에서 합의하자는 것이다.

게코 제대로 붙어 보지도 않고 지레 겁먹고 미리 카드 패 다 까놓고 흥정하는 거, 난 싫어, 래리. 이봐 폭스, 애너콧 주식이 얼마면 적정 가야?

폭스 분할매각하면 값은 더 나가죠. 주당 80달러는 족히 갑니다.

게코는 왜 굳이 폭스에게 에너콧 제철의 적정가가 얼마냐고 물었을까? 자신이 모르는 내용이라서? 그리 단순한 이야기가 아니다. 여기에 협상전술이 숨겨져 있다.

부하직원 한 명이 악역을 맡아 지나친 가격을 요구하면, 협상책임자인 당신은 오히려 부하직원을 나무라며 퇴장시킨다. 사실 그의 말이 틀린 것은 아니지만, 상대를 배려해 주는 새로운 조건을 제시한다. 상대가 당신을 자신들에게 유리한 사람으로 인식하게 만드는 협상기법이다.

협상에도 80대20의 법칙이 작용한다. 설명하자면 협상의 실제 진척은 협상 막바지에 이뤄지며, 이때 상호간의 주고받기식 타협 협상전략을 통해 소위 말하는 '극적 타결'이 이루어지게 된다. 그런데 이때, 상대에게 던지는 마지막 타협 혹은 절충제안의 협상 카드가 제대로 먹혀들게 하기 위해서는 단순한 객관적 금액이나 납기 등의 수치만 갖고서는 어렵다. 특히 이제까지 한껏 날을 세워 티격태격하며 정나미가 다 떨어진 상대와는 신뢰가 무너지고 부정적 감정대립, 즉 적대감이 형성되어 있어 협상을 원만하게 마무리 짓기가 어려울 수 있다.

바로 이때, 그동안 상대에게 우호적이고 협력적인 태도로 일관해 온 협상의 책임자로서, 즉 좋은 사람(Good guy)으로 인식되고 긱

인된 당신이 마지막이자 최선의 조건이라며 최종 타협안을 제시하면, 나쁜 사람(Bad guy)인 협상실무자가 똑같은 조건을 제시했을 때보다 상대가 수용할 확률은 훨씬 더 크다.

이러한 굿가이 배드가이 기법은 협상 초중반보다 협상 막바지에 필요한 최종 양보를 상대로부터 받아 내는 데 유리한 전술이다. 그렇기 때문에 협상 과정에서 적대감을 일으킬 수 있는 부정적이거나 강한 입장과 조건을 제시할 때는 협상책임자가 아닌 보조협상자가 그 역할을 수행하도록 하는 것이 바람직하다.

_____

협상을 깨는 것으로 위협하라 : 퇴장기법(Walk away)

사전에 함께 시나리오를 짜고 연습한 것도 아닌데, 폭스가 알아서 하이볼(High Ball) 협상기법을 적절하게 구사하여 가격합의 선을 높게 책정해 주는 모습에 흡족해 하는 게코. 이제는 자신이 굿가이로서 타협안을 던져 마무리 짓고자 한다.

> 게코 (배려해주는 듯한 목소리로) 뭐, 너무 욕심 부리지 말자구. 72달러 어떤가?
>
> 래리 자넨 여전히 푼돈이나 노리는 삼류 기업 사냥꾼일 뿐이야. 흐흐. 돈만 주면 당장이라도 자네 어머니라도 팔아 치울 놈이 자네야, 안 그래?
>
> 게코 (격분하여) 나나 자네나 하나도 다를 게 없어. 적어도 영국 여왕

이 자네를 경이란 호칭으로 부르기 전까지는 말이야. 내가 더 이 상 자제심을 잃어버리기 전에 이만 실례. (등을 돌리고 나가버리려 한다.)

손바닥도 서로 부딪혀야 소리가 나고, 흥정도 상대가 있어야 하 는 것이다. 아무리 객관적으로 강력한 협상력을 지닌 상대라 하더 라도 "내가 더 이상 자제심을 잃어버리기 전에 이만 실례"라는 말 을 남기며 등을 돌리는 게코처럼 상대가 협상 자체를 없던 일로 하 겠다고 자리를 박차고 나가버리면 간담이 서늘해 질 수밖에 없다. 여러 협상기법 중 가장 파괴력이 강한 것이 바로 이 퇴장기법이다.

상대가 수용할 조건으로 일단 합의를 유도하라

특히 다른 거래선으로 갈아탄다거나, 굳이 지금 계약하지 않아도 된다거나 하는 등 상대에게 다른 대안(BATNA: Best Alternative to a Negotiated Agreement)이 없거나 물러설 수 없는 상황을 만드는 것이다.

하지만 현실에서는 실제로 협상장을 박차고 나가는 경우도 있지만 오히려 이메일이나 전화, 혹은 팩스로 협상결렬을 통보하기도 한다.

———

협상 종료? 알짜배기 협상은 이제부터 : 니블링(Nibbling)

협상을 없던 일로 하자는 게코의 위협에 래리가 반응을 보인다.

> 래리 71!
> 게코 (밖으로 나가다 걸음을 멈추고 천천히 돌아서며) 자네가 내 어머니를 모욕한 대가로, 71달러 50센트.
> 래리 좋아 그렇게 하지.

게코는 이미 상당한 금액과 물량협상에 합의한 상대에게 계약 물량, 품목, 사양을 재조정하는 전술을 구사하고 있다. 핵심은 협상 초기에 자신이 원하는 조건을 상대가 거부하는 경우 상대가 수용할만한 조건으로 일단은 합의를 유도하라는 것이다. 그래야만 협상 초기의 무리한 조건 제시로 인한 협상결렬을 피할 수 있고, 다른 경쟁업체에게 거래를 뺏기지 않는다. 그리고 이미 당신과의 거래를 확정한 상대는 약간의 변경사항 때문에 거래를 무산시키기에는 너무 깊이 발을 담근 진퇴양난의 상황에 놓이게 된다. 게다가 당신의 추가 조정 제안이 기존 조건보다 다소 유리한 내용을 담고 있다면 상대 입장에서는 굳이 마다할 이유가 없는 것이다. 가히 협상 마무리 기법의 꽃이라고 할 수 있다.

약 4분간 지속되는 이 장면에는 영화 전편에서 가장 응축된 협상의 진수가 펼쳐진다. 이 장면에서만 따져도 게코와 래리 두 사람이 주고받은 협상기법의 수는 엄밀히 분석하면 40가지가 넘는다.

통상적으로 구매자가 판매자보다 협상력이 강하다고 생각하게 되지만 치밀한 협상전략과 전술로 상대를 압도하고 원하는 협상결과를 거둔 게코의 협상력은 단지 흥밋거리로 치부하기에는 우리에게 시사하는 바가 너무도 크다.

몇 해 전 세계적 리더십 연구소인 미국의 창의적 리더십 센터 (CCL: Center for Creative Leadership)에서 서구 선진국의 대기업 중견 임직원 14,500명을 상대로 흥미 있는 연구를 실시한 바 있다. 날로 치열해지고 있는 글로벌 시장에서 성공하기 위해서 도대체 어떤 결정적 자질을 갖추어야 하는지를 그들에게 물어 본 것이다. 그중 가장 중요한 것이 바로 제값을 받고 제품을 팔 수 있는 협상 능력이었다고 한다.

상대를 오도하면 성공,
내가 오도되면 실패

- ❦ **제목** : 스워드피쉬
- ❦ **원제** : Sword Fish
- ❦ **제작년도** : 2001년
- ❦ **감독** : 도미닉 세나
- ❦ **배우** : 존 트래볼타, 휴 잭맨, 할리 베리, 돈 치틀

〈스워드 피쉬〉는 〈식스티 세컨즈〉를 감독한 도미닉 세나와 블록버스터 전문 프로듀서인 조엘 실버가 만들어 낸 스펙터클한 세팅, 현란한 영상과 막판 숨 막히는 탈출 장면이 볼만한 영화이다.

1980년대 초반, 미국의 마약단속국은 불법 비자금 세탁 프로젝트인 코드명 '스워드 피쉬'를 가동했다. 1986년에 작전이 종결되고 스워드 피쉬 계좌에는 무려 4억 달러의 자금이 남게 된다. 작전이 종결된 후 어디론가 사라졌다고 생각했던 이 불법 비자금은 지난 15년간 차곡차곡 이자가 쌓여 이제는 10억 달러로 불어나 있다.

한편, 미국의 안전과 자유의 수호라는 미명하에 FBI의 후버 국장이 창설한 극우 반테러 조직 블랙셀을 이끌고 있는 가브리엘(존 트래볼타)은 막대한 국제 테러응징 자금을 확보하기 위해 이 10억 달러를 탈취하기로 작정한다. 난공불락의 최첨단 전산 보안시스템을 뚫기 위해, 천재 해커로 명성이 높던 스탠리(휴 잭맨)의 딸 홀리를 납치한 가브리엘은 그를 협박하여 이 일에 끌어들인다. 스탠리가 할 일은 은행 전산 보안시스템을 뚫고 10억 달러를 가브리엘의 해외계좌로 비밀리에 이체해 주는 것. 수고비는 1천만 달러.

전문성과 고급정보로 상대가 주눅이 들게 하라 : Expertise Power

어느 날 오후, 미국 로스앤젤레스에 있는 한 은행 건물을 수많은 기동타격대와 무장경찰들, 그리고 FBI 요원들이 겹겹이 둘러싸고 있다. 갇혀 있는 인질 22명의 몸은 폭발물로 칭칭 감겨 있다. 인질 전체를 인간 폭탄 덩어리로 만들어 놓은 상황. 가브리엘과 블랙셀 조직원들이 지켜보는 가운데 스탠리는 손쉽게 은행 전산망을 해킹하여 일을 끝낸다.

약속대로 스탠리가 인질로 잡혀 온 자신의 딸 홀리를 데리고 은행 문을 나서려는 순간, 컴퓨터 모니터에는 조금 전 가브리엘의 계좌로 들어 왔던 10억 달러가 일순간에 사라져 버리는 것이 아닌가. 무언가 잘못되었음을 직감한 가브리엘은 스탠리와 그의 딸을 붙잡으려 하지만, 스탠리는 재빨리 딸을 은행 밖으로 내보내고, 건물을 포위 중이던 경찰은 그녀를 안전하게 피신시킨다. 그러나 스탠리는 가브리엘 일당에게 붙잡혀 끌려오고 마는데.

> 가브리엘 (스탠리에게 총을 겨눈 채, 차가운 목소리로) 어떻게 된 거야,
>   스탠리?
> 스탠리 (비아냥거리며) 폭발 때문에 컴퓨터 시계가 맛이 갔나 보지.
> 가브리엘 아니, 시계는 멀쩡했어. 네가 일을 망친 거야.
> 스탠리 (급한 숨을 몰아쉬며) 날 죽이면 당신은 땡전 한 푼 못 건져. 앞
>   으로 10년 동안, 그 돈은 60초마다 이 계좌 저 계좌로 옮겨 다

상대를 오도하면 성공, 내가 오도되면 실패

니게 될 거야. 원래 6시간 뒤에 일어날 일이었지.

가브리엘 당장 고쳐.

스탠리 안됐지만, 나도 별 도리가 없어. 계좌들은 1024비트 암호로 설정되어 있어 나도 그 파이어월(보안망)은 못 뚫어.

천재 해커인 스탠리는 자신만이 알고 있는 전문용어와 정보를 사용하여 가브리엘을 혼란에 빠뜨리고 있다. 상대보다 우월한 전문가로서의 지식, 경력, 실적, 타이틀을 내세워 심리적으로 상대를 제압하는 것은 효과적인 방법이다. 가장 바람직한 방법은 상대를 호의적으로 교육시키는 듯 자신이 들려주고 싶은 정보나 자신에게 유리한 정보만을 전달하고, 반대로 상대가 알게 되면 불리한 정보는 선별적으로 제외하거나 상대가 제시한 자료나 주장을 부인하는 전술이다.

이 기법은 특히, 상대가 당신의 전문성을 인정하고, 적절하고 우호적인 관계가 형성되어 있을 때 더욱 효과적이다. 주의할 것은 가급적 상대의 입장이나 견해를 충분히 고려하고 있음을 표현해 주는 것이 바람직하다. 그렇지 않을 경우 자칫 상대의 자존심을 건드려 불필요한 반발을 야기할 수 있기 때문이다.

―――

상대의 흐름을 끊어라 : Break or caucus

자신의 전문성을 한껏 내세운 스탠리는 위기를 넘기기 위해 가브리엘에게 새로운 제안을 한다.

> 스탠리 그럼, 이렇게 하지. 인질을 풀어주면, 언제 어디서 돈을 빼낼
> 수 있는지 알려주지. 모두 살아서 나가는 거야. 어때?
> 가브리엘 생각 좀 해 보고.

협상의 흐름이 자신에게 불리하게 진행된다고 느껴질 때, 사전에 검토 및 대응할 준비가 되어 있지 않은 사안을 상대가 들고 나올 때, 군이 즉석에서 임기응변으로 대응하려 하지 말고 가브리엘이 한 것처럼 타임아웃(Time out)을 선언하여 흐름을 끊어라. 간혹 협

49

상 막바지에 새로운 사안이 나타나는 경우에는 협상 결렬의 두려움 혹은 상대의 기분을 언짢게 하지 않을까 라는 심리적 압박에 밀려서 자칫 적절한 타협으로 무마하고 넘어가고자 하는 심리를 이용한 전술에 말려들 수 있기 때문이다.

성공 사례를 든다면, 1998년 서울에서 있었던 IMF 협상이 대표적이다. 5분, 10분이 멀다 하고 이어진 IMF측 협상대표단의 휴정 요구를 별다른 제제 없이 받아준 우리 협상대표는 결국 협상다운 협상 한번 못한 채 IMF의 굴욕적인 조건을 수용할 수밖에 없었다. 이것은 간단하지만 적절히 반복적으로 구사하면 상당히 파괴적인 위력을 발하는 협상기법이다.

협상이 안 풀리면
제3자를 끌어들여 문제를 해결하라 : The third party

최고의 컴퓨터 해커로서 인질들을 풀어 주지 않으면 10억 달러는 커녕 땡전 한 푼 못 건질 줄 알라며 도리어 가브리엘을 협박하는 스탠리. 사실 스탠리만이 해결할 수 있는 문제이니 가브리엘로서는 스탠리를 죽일 수도 고문할 수도 없는 상황이다. 정교하게 짜 놓은 시나리오대로 움직이고 있는 상황이라 그렇게 할 시간적 여유가 없다는 것이 더 맞는 이야기일지 모른다. 그렇다면 어떻게 막무가내로 나오는 스탠리로 하여금 전 세계에 있는 오만 가지 은행계좌를 유령처럼 떠돌게 될 돈을 되찾을 수 있도록 컴퓨터 키보드를 두드

협상은 영화처럼 영화는 협상처럼

리게 만들 수 있을까?

플랜 B, 혹은 비상계획을 작동할 때가 되었음을 느낀 가브리엘. 딸을 도망시켜 살려 놓았으니 이제는 약점 잡힐 것도 없다는 듯 고삐 풀린 망아지처럼 날뛰는 스탠리를 고분고분하게 만들 수 있는 또 다른 약점이 무엇인지 가브리엘은 알고 있었던 것일까?

스탠리의 제안에 잠시 생각을 하던 가브리엘이 입을 연다.

가브리엘 그렇겐 못하겠어. 진저를 데려와.

스탠리는 진저(할리 베리)가 가브리엘의 애인을 가장해 위장 잠입한 마약단속국 비밀요원이라고 믿고 있었다. 그녀는 이번 일만 도와주면 이혼한 아내에게 빼앗긴 사랑하는 어린 딸 홀리와 함께 살도록 힘써 주겠다고 약속한 바 있었다. 어느덧 진저는 스탠리의 마음속에 연인으로 자리 잡기 시작했다. 그런 그녀가 영문도 모른 채 끌려 나오고, 곧장 목에 올가미가 씌워진 채 공중에 매달리고 만다. 숨통이 막혀 허우적대는 진저. 이를 바라보는 스탠리는 어쩔 줄 몰라 절규한다.

그렇다. 가브리엘로서는 인질을 모두 풀어주라는 스탠리의 요구를 들어 줄 수는 없는 상황이다. 그렇다고 스탠리의 비협조를 방관하고 있을 수도 없다. 한마디로 진퇴양난. 하지만 스탠리의 약점, 즉 소중하게 생각하는 사람이 자신 때문에 생명을 잃게 내버려 두지 못하는 선량한 마음이 스탠리의 약점임을 가브리엘은 진즉에

상대를 오도하면 성공, 내가 오도되면 실패

간파하고 있었던 것이다. 그동안 인질로 잡아 두었던 스탠리의 딸은 이미 자신의 손을 벗어났고, 꿩 대신 닭이라고 스탠리의 연인인 진저를 볼모로 내세우는 가브리엘의 전략이 적중하는 장면이다.

협상이 난관에 봉착하거나 결렬 상황으로 치닫게 되면, 제3자를 이용한 문제 해결을 생각하게 된다. 제3자를 선정할 때 기억할 것은 자신이 끌어 들이고자 하는 제3자에 대한 상대의 신뢰와 친밀도가 높으면 높을수록 효과적이라는 점이다. 또한 돌파구를 열어 줄 제3자는 협상 결렬 상황이 실제로 발생한 이후에 허둥지둥 찾는다고 쉽게 찾을 수도 없거니와, 찾았다 하더라도 당장 그를 적절하게 준비시켜 투입하기는 더욱더 어려운 일이다. 그보다는 본격적인 협상이 시작되기 전에 상대에 대한 면밀한 분석을 통해 자신에게 유리한 입장을 취하면서도 상대 입장에서도 가장 신뢰할 만하고 호감이 가는 인물이 누구인지를 미리 파악하고 대비하는 것이 바람직하다.

핵심인물에게 차마 포기할 수 없는
조건을 비공개로 제시하라 : 백채널(Back channel)

공중에 매달린 채 버둥대는 진저를 바라보는 스탠리의 가슴은 미어진다. 1분 내에 다시 10억 달러를 되돌려 놓으라는 가브리엘. 1분 내에 해킹이 성공하지 못하면 사랑하는 진저는 영영 목숨을 잃고 만다.

협상은 영화처럼 영화는 협상처럼

가브리엘 (여유 있게 즐기는 듯) 30초 남았어. 이제 20초. 그녀가 죽어
　　　　가고 있군.

스탠리 (분노가 끓어오르는 목소리로) 입 닥쳐!

정신없이 컴퓨터 키보드를 두들겨 대는 스탠리를 바라보며 친절하게(?) 시간경과를 알려 주는 가브리엘. 10초밖에 남지 않자 아예 카운트다운을 시작한다. 10초, 9초, 8초.

실제 비즈니스 협상에서는 최종결정권자 외에 많은 사람들이 팀워크를 이루어 논리적이고 이성적인 협상을 진행하게 된다. 따라서 상대와의 합의를 이끌어 내기가 쉽지 않은 상황이 발생할 수 있다. 이때 협상 전이나 협상을 진행하는 과정에서 입수하고 분석한 정보에 의거하여 상대 협상팀의 핵심인물이 심정적으로 거부할 수 없는 상황을 연출하여 설득하는 기법이 필요하다. 영화에서 가브리엘은 모든 문제를 해결할 핵심인물인 스탠리에게 진저의 생명이라는 거부할 수 없는 조건을 제시하고 있다.

이 핵심인물 혹은 최종결정권자가 자기 조직이나 팀원들의 반대에도 불구하고 결국 자신에게 부여된 권한, 권리, 지위를 내세워 당신의 제의나 타협절충안이 통과되도록 직권을 행사하여 조속히 당신에게 유리한 합의를 유도하도록 하는 전략이다. 또는 핵심인물에게 집중적으로 막대한 경제적인 이익이나 명예 등 갖가지 보상 안을 사적으로 제시하여 협상을 조속히 매듭짓기도 한다. 외환은행 헐값 매각설이 불거져 나왔을 당시 론스타가 외환은행장에게 갖가지 혜택을 비밀리에 약속하고 외환은행 인수를 성사시켰다는 의혹

상대를 오도하면 성공, 내가 오도되면 실패

이 있다는 보도가 있었다. 인수합병 협상의 경우 이러한 것을 '황금 낙하산(Golden parachute)'이라고 한다.

이 영화 전편을 통해 가브리엘의 입에서 반복되어 나오는 단어가 있다. 바로 미스디렉션(Misdirection)이다. 굳이 우리말로 한다면 오도(誤導)라고나 할까? 상대로 하여금 나의 실제 의도나 진짜 계획을 눈치 채지 못하게 하여 언제나 헛다리를 짚게 한다는 전략이다. 그러나 말처럼 실행이 쉽지는 않다. 왜냐하면 상황과 상대에 대한 철저한 분석, 그리고 완벽한 시나리오와 연기력이 없으면 성공하기 어렵기 때문이다. 많은 국제협상이 진행되고 있는 이 순간에도 우리 기업과 정부는 상대국의 절묘한 미스디렉션의 함정에 빠져 헤매고 있는지도 모른다.

상대의 적대감과
분노를 경청하고
공감을 표할 것!

🎬 **제목** : 캐리비안의 해적:블랙펄의 저주

🎬 **원제** : Pirates Of The Caribbean: The Curse Of The Black Pearl

🎬 **제작년도** : 2003년

🎬 **감독** : 고어 버빈스키

🎬 **배우** : 조니 뎁, 제프리 러쉬, 키이라 나이틀리, 올랜도 블룸

조니 뎁이라는 개성이 강한 연기파 배우를 일약 세계적인 스타로 만든 21세기 최고 흥행작 중 하나인 〈캐리비안의 해적〉. 기괴하리 만치 독특한 캐릭터들이 절묘한 조화를 이룬 이 영화는 2003년에 전미 흥행 1위를 기록한 장쾌한 액션 스펙터클이다.

고대의 금빛 찬란한 아즈텍 문명을 유린했던 코르테즈. 그리고 그가 남긴 황금을 노략질한 해적선 블랙펄의 선장 바르보사와 그 일당. 코르테즈의 금화를 약탈한 대가로 내려진 저주는 살아 있는 것도 죽은 것도 아닌 걸어 다니는 해골로 영원히 지내야 한다는 것. 이 저주를 풀 수 있는 유일한 방법은 세상에 흩어진 아즈텍의 금화들을 다 모은 후 피의 의식을 치르는 것이다.

상대의 적대감을 누그러뜨려라 : Relieve antagonism and anxiety

젊은 노링턴 준장이 지휘하는 영국 해군 범선 한 척이 카리브 해에 새로 부임하는 스완 총독과 그의 외동딸 엘리자베스 스완을 싣고 안개 자욱한 바다를 항해하고 있다. 이때 난파선 조각에 의지한 채 정신을 잃고 표류하는 소년을 발견하고 구출하게 된다. 소년의 목에 걸려 있는 해적의 상징인 해골문양의 황금메달. 엘리자베스는 모르고 있지만, 바로 바르보사가 찾아 헤매고 있는 코르테즈의 마지막 금화였다. 해적이라면 남녀노소 불문하고 사형에 처하는 것을 알고 있는 엘리자베스는 다른 사람들이 보기 전에 얼른 그 목걸이를 품속에 감춘다. 그리고 8년의 세월이 흐른 어느 날 밤, 블랙펄의 해적들이 영국군 요새를 기습하고, 코르테즈의 금화를 갖고 있는 엘리자베스를 자신들의 배로 끌고 간다.

살아 있는 사람을 데려오면 어떻게 하냐며 거구의 해적이 엘리자베스를 데려 온 동료 해적을 나무란다. 지켜보던 엘리자베스가 험상궂은 해적에게 자초지종을 설명하려고 입을 떼자마자, 어디서 입을 함부로 놀리느냐며 무지막지한 손이 그녀의 뺨을 사정없이 후려친다.

이 광경을 지켜보고 있던 낯선 중년의 해적이 또다시 내려치려는 거친 손목을 잡아챈다. 더 이상 그녀에게 손찌검하지 말라는 한 마디에 거구의 해적도 순순히 물러난다. 그가 바로 카리브 해의 해적사에서 최고의 해적 선장으로 꼽히는 블랙펄의 선장 바르보사이다.

> 바르보사 (미소를 띠고 한껏 목소리를 가다듬으며) 대신 사과하겠소, 아
> 가씨. (그리고 정중히 고개를 숙이며 용서를 구한다.)

카리브 해의 해적사에서 가장 높은 명성을 떨친 바르보사 선장

상대의 적대감과 분노를 검청하고 공감을 표할 것!

(실존 인물에서 따 왔다고 한다). 엘리자베스도 해적 선장 바르보사가 얼마나 잔혹하고 무지막지한 인물인지 잘 알고 있을 터. 그러나 엘리자베스의 목에 걸린 메달이 어떤 것인지 단박에 알아챈 바르보사로서는 어떻게든 엘리자베스가 순순히 자신에게 메달을 내놓도록 설득해야 하는 입장인 것이다. 뭐 어떡하나! 나긋나긋하고 상냥하게, 한 마디로 신뢰를 줄 수 있는 젠틀맨으로 행사하는 전술을 구사하는 바르보사 선장의 능글스런 모습이다.

협상 상대가 심리적으로 격앙된 상황이거나, 당신에 대한 적대감이나 반감이 있다고 감지되면 제일 먼저 상대의 부정적 심리를 누그러뜨려라. 당신에 대한 부정적 심리가 해결되지 않고서는 당신의 이야기를 객관적이고 긍정적으로 들어줄 수 있는 고매한 인격자를 만나기는 쉽지 않다.

이러한 문제를 해결하는 방법으로는, 먼저 상대가 느끼는 적대감과 반감, 분노, 근심에 대해 경청하고 공감을 표현하라(Empathy 전략). 두 번째로 상대의 공격대상을 당신이 아닌 다른 회사 규정, 전산 시스템, 다른 사업부로 돌리고 당신은 상대의 문제를 해결하기 위해 최선의 노력을 다하는 조력자로 인식시켜라(Good guy, Bad guy 전략). 협상은 그 다음임을 명심하라.

협상은 영화처럼 영화는 협상처럼

모르는 척, 무식한 척

상대의 압박에서 빠져 나와라 : Acting dumb is smart

의외의 신사다운 바르보사 선장의 태도에 약간은 안심을 한 엘리자베스는 이 정도 신사라면 말이 통할 수도 있겠다 싶었는지 한 가지 제안을 한다.

> 엘리자베스 바르보사 선장님, 제가 여기까지 온 이유는 포트 로열에 대한 적대적 공격을 즉각 중단하는 문제를 협상하기 위함입니다.
>
> 바르보사 (곤란하다는 듯) 말씀이 너무 어렵군요. 우린 워낙 무식한 해적이라 놔서.

미국의 협상전문가 로저 도슨의 말처럼 유능한 협상가에게는 현명한 것이 어리석은 것이고 어리석은 것이 현명한 것이다. 사람이란 자신보다 훨씬 뛰어난 지식과 권위를 내세워 어떻게든 이득을 취하려는 사람보다는 겉보기에 나보다 잘난 것 하나 없고 오히려 세상물정을 전혀 모르는 어리석고 선량한 사람을 도와주려는 속성을 갖고 있다.

해당 협상 내용에 대해 모르는 것이 없고, 협상에 대한 최종 결정권을 지닌 대단한 사람으로서 상대의 적절한 논리와 양보 요구에 대책 없이 무너져 협상을 망치는 것보다, 오히려 아는 것도 없고 별 다른 결정권도 없는 무능한 사람으로 행세하는 것이 자칫 밀릴 수 있는 협상 상황에서는 오히려 더 낫다고 판단하는 바르보사 선장의 기민함이 돋보인다.

어리숙한 듯 행세해야 하는 이유는 첫째, 상대의 적대감이나 경쟁 심리를 누그러뜨릴 수 있고, 둘째는 당신이 감당하기 힘든 고단수의 협상 전략전술을 구사하지 않도록 상대의 경계를 흩트릴 수 있다는 점이다. 셋째는 일부 지나친 요구나 양보를 요청하는 경우에 의외로 큰 저항이나 반감 없이 상대의 관대한 처분을 얻어낼 수 있다.

이러한 협상전략은 직장 생활에서도 의외로 잘 먹힌다. 실례를 들어보자. 현대그룹의 창업자인 고 정주영 회장은 가난한 나라의 작은 기업을 세계적인 대기업으로 키워내는 사업가의 역량은 대단 하셨는지 몰라도 노래 실력은 그다지 좋지 않았던 모양이다.

임원들과의 회식 자리에서 흥이 오르다 보면 노래 한 소절 뽑는 것을 즐기셨다고 한다. 그런데 눈치 없는 임원들이 갈고 닦은 노래 실력을 유감없이 발휘하는 것이 아닌가? "회장님도 한 가락 하시 죠?" 하면, "됐어. 자네들이나 불러"라며 거절하기 일쑤였다고 한다. 그런데 한 임원이 노래를 하면 그 다음은 꼭 정주영 회장이 기분 좋 게 노래를 부르고 즐거워하셨다고 한다. 어떻게 된 일일까? 그 임 원은 진짜인지 연기인지 지금으로서는 사실을 확인할 수 없으나, 노래 실력이 정말 형편없었다고 한다. 그러니 그 양반만 노래를 시 작하면 몇 소절 부르지 않았을 때, 기다렸다는 듯이 만면에 환한 미 소를 머금고 "이봐 그것도 노래라고 불러. 자 그 노래는 이렇게 불 러야지" 하면서 마이크를 잡고 호기 있게 한 가락 쭉 뽑으셨다고 한다. 정 회장님은 노래 못하는 그 임원이 얼마나 예뻤을까? 그리고 노래를 잘한다고 목청껏 쭉쭉 뽑아대던 임원들이 얼마나 괘씸했을까? 자, 나는 다음 회식자리에서 어떻게 해야 하나, 고민해 보자.

도저히 안 되면 판을 엎어라 : 제안 철회기법(Withdrawing an offer)

한 없이 자신을 한껏 낮추던 바르보사가 엘리자베스의 의도를 직접 물어본다.

바르보사 도대체 원하는 게 무엇이오?

엘리자베스 당장 이곳을 떠나서 두 번 다시 돌아오지 마세요. (지켜보던 해적들이 그녀의 당돌한 제안에 어처구니없다는 듯 웃음을 터뜨린다.)

바르보사 (점잔을 빼며 능청스럽게) 본인은 당신의 제의를 수락할 의사가 없습니다. 한 마디로 싫소이다.

엘리자베스 (좋은 말로 해선 안 되겠다는 듯) 정 그러시다면, (품속에 있던 황금 메달을 꺼내 손에 쥐고 갑판 난간 너머로 팔을 쭉 뻗으며) 이 메달을 바다에 떨어뜨리겠어요. (이제껏 태연자약 엘리자베스를 우롱하던 바르보사 선장을 비롯한 모든 해적들의 얼굴에 긴장과 두려움이 역력하다.)

집요하고 치밀하게 공략해 오는 상대에게 계속 응수하는 것도

상대의 적대감과 분노를 경청하고 공감을 표할 것!

방법이겠지만, 엘리자베스의 위협처럼 "정 그러시다면 관둡시다. 이렇게는 협의가 안 되겠군요"라고 대범하게 협상을 엎어버리는 것도 나쁘지는 않다.

이 협상기법은 당신과 협상상대 사이에서 상호 신뢰가 구축된 가운데 성실하게 협상이 진행되고 있다면 가급적 사용을 자제해야 한다. 다만 당신한테서 마지막 한 푼까지 긁어내려는 듯, 시종일관 지나친 양보를 요구하면서 물고 늘어지는 상대에게 활용해야 한다.

일반적인 요령은 당신이 이제껏 제시했던 가격 인하, 경비 분담, 추가 서비스 제공 등의 양보 내용을 본사에 확인한 결과, 전체 혹은 일부에 대해 절대 불가하다고 통보하는 방법이다. 동시에 본사가 정한 최종 양보 조건을 함께 제시하여 상대의 지나친 요구를 효과적으로 제어할 수 있다.

그러나 이 제안철회 기법은 자칫 상대를 지나치게 자극한다거나 곤경에 빠트려 어렵게 다져 온 상호간의 신뢰관계를 크게 훼손할 수 있다. 개인적인 인간관계보다 비즈니스를 최우선으로 하는(Deal-focused culture) 서구와 달리 유대관계를 중요시하는(Relationship-focused culture) 우리나라나 일본의 경우에는 사용에 주의를 기울일 필요가 있다.

상대의 미심쩍은 정보는 역정보를 흘려

진위를 확인하라 : Planted information, Information verification

엘리자베스의 위협에 당황하는 듯하던 바르보사는 순간적으로 표정을 바꾸며 능청스럽게 이야기를 꺼낸다.

> 바르보사 지금도 돈자루가 터져나갈 지경인데. 저 반짝거리는 동전 한 닢이 도대체 우리와 무슨 상관이요? 왜?
>
> 엘리자베스 (의외의 대답에 어안이 벙벙한 듯) 당신들이 찾는 게 이거 아니었나요? 8년 전 영국에서 배를 타고 오면서 이 배를 본 적이 있어요.
>
> 바르보사 (무심한 듯) 보셨어, 지금?
>
> 엘리자베스 좋아요. 이게 값어치가 없다면 나도 더 이상 힘들게 들고 있을 이유가 없죠.

말을 끝내기도 전에 메달을 손에서 놓아 버리는 엘리자베스. 아무짝에도 쓸모없는 메달이라던 바르보사 선장과 해적들, 자신도 모르게 겁에 질린 비명을 토해내고 만다. 그러나 메달에 연결된 줄을 잡고 있는 엘리자베스. 한 번 떠본 것이다. 엘리자베스의 얼굴에는 '그것 보라지' 라는 듯 득의양양한 미소가 번지는 반면, 해적들의 얼굴에는 낭패감과 함께 안도의 기색이 교차한다.

상대의 적대감과 분노를 경청하고 공감을 표할 것!

  협상이란 자신이 갖고 있는 정보를 바탕으로 목표가 설정되고 전략이 수립된다. 결국 정보가 부족하거나 왜곡된 상황에서 어쩔 수 없이 협상을 준비하고 진행하는 것은 대단히 위험천만한 일이 될 수 있다. 더욱이 상대가 기만책을 쓰기 위해 의도적으로 흘린 조작되거나 왜곡된 정보를 검출해내지 못할 경우에는 협상이 재앙으로 종결될 수 있다. 모든 정보의 진위 여부를 일일이 확인하는 것은 거의 불가능할 수 있다. 그러나 영화에서 엘리자베스가 메달을 바다에 빠뜨리려고 했던 행동처럼 주요 협상 이슈에 심대한 영향을 끼칠 수 있는 정보에 대해서는 반드시 진위 여부를 확인할 필요가 있다. 특히 애초에 예상했던 상대의 협상목표와 전략이 상당한 차이를 보이고, 그로 인해 우리측의 협상전개에 결정적 영향을 미치는 정보에 대해서는 철저한 검증이 불가피하다.

계약서 작성을 상대에게 맡기지 마라 : Take initiative in writing contract

엘리자베스가 메달로 해적들을 위협하는 동안 귀에 거슬리는 그렁그렁한 쇳소리로 웃으며 바르보사 선장이 엘리자베스에게 다가 선다. 그리고 그녀의 이름을 묻는다. 총독의 딸이라는 사실을 말했다가는 목숨이 온전치 않을 것이라는 두려움에 순간적으로 기지를 발휘한 엘리자베스 스완은 자신이 총독 관저의 하녀인 엘리자베스 터너라고 대답한다. 뜻밖에 귀에 익은 터너라는 이름을 들은 해적들은 웅성거리기 시작한다. 자신들에게 드리운 블랙펄의 저주를 푸는 마지막 열쇠라 할 피의 제물이 되어야 하는 터너 선장의 혈족이 마지막 메달을 목에 걸고 제 발로 걸어 들어온 것이다. 자신의 피가 제물로 바쳐질 것을 알 턱이 없는 엘리자베스는 그저 어리둥절해 할 뿐이다.

> 바르보사 (다시 친절한 음성으로) 메달을 주시오. 그러면 다시는 이곳에 돌아오지 않겠소.
> 엘리자베스 (잠시 머뭇거리다 그의 손에 메달을 건네준다.) 휴전은요?

상대의 적대감과 분노를 경청하고 공감을 표할 것!

메달을 받아 들고 말없이 돌아서는 바르보사 선장은 부하들에게 무언가를 지시하듯 가벼운 고갯짓을 하고는 사라진다. 그러자 사전에 약속이라도 한 듯 해적들은 전투 준비에 돌입하고 해안을 향해 포격을 개시한다.

> 엘리자베스 (뭔가 잘못되어가고 있음을 감지하고 급히 바르보사 선장을 따라간다) 나를 해변에 데려다 줘요. 협약에 따르면….
>
> 바르보사 (성가시게 따지고 드는 엘리자베스에게 일갈한다.) 첫째, 아가씨가 해변으로 돌아가는 것은 거래의 조건이 아니니 내 알 바 아니오. 또한, 아가씨는 사실 해적도 아니잖소. 블랙펄 호에 승선하신 걸 환영하오, 터너 양.

해적들은 저주를 푸는 제물로 삼기 위해 엘리자베스를 선창으로 끌고 간다.

문서로 조목조목 상세히 남겨 두어야 하는 상황이나 사안임에도 불구하고 구두로 협상을 진행하다 보면 간혹 빠트리고 넘어가는 것들이 있기 마련이다. 영화에서 엘리자베스처럼 해적의 말만 듣고 협상이 성립되었다고 믿는 실수를 저지르게 된다. 이런 경우에는 서면 계약서를 최종 점검하고 서명하는 자리에서 그 누락된 사안들에 대해 상대의 승인을 유도해내야 한다. 이 과정에서 계약서를 주도적으로 작성하는 측이 비주도적으로 작성하는 측보다 엄청난 이점을 누리게 된다.

구두 협상에서 간과하거나 누락된 몇 가지 문제를 자신에게 유리한 해석을 달아 첨가시킬 수 있고, 시간압박에 쫓기는 상대로서는 협상시한이 종료로 치닫거나 이미 경과한 시점에서 큰 문제가 안 된다면 계약서상의 변경사항에 대해 충분히 검토도 하지 못한 상황에서 졸속으로 협상을 진행할 수밖에 없는 것이다.

한편, 구두 협상이 종결되면 합의안에 대한 상대의 서명을 가급적 신속히 받아내라. 문서화된 서류를 처음 보는 시기가 늦어지면 늦어질수록 상세한 계약내용에 대해 정확한 기억을 못하게 되고, 시간압박에 몰린 상황에서 상대가 제시하는 계약서 내용을 면밀히 검토하고 수정하지 못한 채 받아들일 확률은 그만큼 높아지기 때문이다.

공감대, 경계와
적대감을 푸는 지름길

🎥 **제목** : 007 카지노 로얄

🎥 **원제** : Casino Royale

🎥 **제작년도** : 2006년

🎥 **감독** : 마틴 캠벨

🎥 **배우** : 대니얼 크레이그, 에바 그린, 매즈 미켈슨, 주디 덴치, 지안 카를로 지아니니

역대 제임스 본드와는 확연히 다른 거친 근육질의 터프가이 대니얼 크레이그가 새롭게 주연을 맡은 〈카지노 로얄〉. 007영화의 주요한 볼거리였던 이렇다 할 별 화려한 첨단 장비도 없고, 화려한 대사나 느끼한 미소 대신 온 몸을 던지는, 말 그대로 만신창이가 되어서야 임무를 완수해가는 전혀 새로운 제임스 본드를 만날 수 있는 영화이다. 그러나 007 제임스 본드의 저자인 이언 플레밍의 실제 원작에 가깝게 영화화했다니 참고할 만하다.

———

상대의 속내를 파악하라 : Read between the lines

폭우가 쏟아지는 아프리카 우간다의 음발레의 정글에 자리 잡은 반군 지휘부에 낯선 SUV 차량들이 진창길을 헤집으며 줄지어 도착한다. 머리부터 발끝까지 검정색으로 통일한 정장 차림으로 차에서 내리는 한 백인 사업가. 바로 전 세계 테러리스들의 추악한 검은 돈을 맡아 자금 세탁 및 대리 투자를 해 주는 대가로 막대한 커미션을 챙기는 르 쉬프르. 수많은 테러집단의 정보를 갖고 있는 르 쉬프르는 이미 서방 정보부가 군침을 흘리는 타깃이 되어 있다. 한편, 천재적인 수학적 재능을 이용하여 포커 도박에도 상당한 일가견을 과시하는 도박사이기도 하다.

화려한 경력에도 불구하고 르 쉬프르에게 자신의 생떼 같은 거액의 현찰을 맡기는 것이 무언가 꺼림칙한지 반군 두목은 책상에 군홧발을 올려놓은 채 나지막한 목소리로 생뚱맞은 질문을 던진다.

반군 두목 르 쉬프르 씨, 당신은 종교를 갖고 있소?
르 쉬프르 아니오. 내가 믿는 종교는 바로 적정한 투자 수익률 뿐이오.

자신의 속내를 시원하게 꿰뚫은 르 쉬프르의 대답에 안심한 듯 반군 두목은 몇 마디 형식적인 조건을 확인한 뒤 쉬프르에게 선선히 돈을 건넨다.

초면에 상대가 별다른 말을 하지 않았는데도 그가 원하는 이야기를 들려줄 수 있다면, 상대가 자신의 입으로 말하기 쑥스러운 바람을 당신의 입으로 정확히 말해 줄 수 있다면, 그 상대가 고객이든 직장 상사든 연인이든 상관없이 당신에게 마음을 빼앗기지 않을 수가 없다. 르 쉬프르는 선문답 같은 반군 두목의 질문에 담긴 의도를 정확하게 파악하고 그가 원하는 대답을 들려준 것이다.

이런 경우를 한눈에 반했다(Hooked)고 하는 것이다. 더욱이 당신의 뛰어난 전문성이나 탁월한 성과에 대한 이야기가 곁들여질 수 있다면 실로 금상첨화이다.

공감대, 경계와 적대감을 푸는 지름길

　고액자산가를 상대하는 금융영업의 경우, 점쟁이도 아닌데 처음 만나는 잠재고객의 속마음을 단번에 읽는다는 것이 결코 쉬운 일이 아니다. 더욱이 상대가 초면인 당신에 대해 미심쩍어하며 경계하는 경우에는 더더욱 그렇다.

　속내를 읽기 위한 현실적 전략은 바로 짧고 간단한 질문을 던져 말꼬를 트는 것이다. 사람의 속내는 그 사람이 직접 알려주기 전에는 알 수 없는 일이다. 지레짐작도 어느 정도 상대에 대한 감이 잡힌 다음에나 가능하다. 이때 주의할 것은 상대에게 취조 당한다는 느낌을 준다거나 당혹스런 질문을 해서는 안 된다는 점이다. 오히려 한담을 나누듯 편안한 분위기를 유지하는 것이 중요하다. 상대가 점차 당신을 편안하게 느끼게 되고 믿음이 가기 시작하면 그 속내도 서서히 당신에게 열릴 것이다.

_____

공감대를 형성하여 호감을 이끌어 내라 : First, build common grounds

스카이플릿 사의 초대형 신형 항공기를 폭파함으로써 주가를 폭락
시켜 막대한 채권차액을 얻기 위해 테러리스트들에게서 받은 자금
을 다 쏟아 부은 르 쉬프르. 그러나 제임스 본드의 활약으로 폭파작
전은 실패하고 투자금은 몽땅 날아가고 만다. 르 쉬프르는 당장이
라도 그 돈을 다시 회복하지 못하면 언제 테러리스들의 보복살해에
비명횡사할지 모를 절체절명의 위기 상황에 놓인다. 이제 그에게
남은 마지막 희망은 몬테네그로의 스플렌디드 호텔에 있는 카지노
로얄에서 열리는 포커대회에서 우승해 판돈 1억5천만 달러를 거머
쥐는 것뿐이다. MI6의 M국장은 본드에게 유명 도박사로 위장 출전
하여 르 쉬프르를 꺾어 궁지에 몰아넣은 후 그를 구해주는 척 영국
으로 데려오라는 명령을 내린다. 나랏돈인 참가 판돈 1,500만 달러
를 관리하는 한편 애인으로 가장한 미모의 재무부 직원 베스퍼 린
드와 몬테네그로행 기차에서 만나는 본드. 갓 소개 인사를 나눈 두
사람의 대화가 자못 까칠해진다.

　본드 당신의 예쁜 외모가 일에 방해가 된다고 걱정이죠? 남자처럼 차
　　　려 입고 누구보다도 열심히 일하지만, 까칠한 여자라는 인상만
　　　심어줬고, 승진은 꿈도 못 꾸지. 게다가 부모 얘기를 하지 않는

걸로 봐선 고아가 틀림없어, 안 그래요?

베스퍼 (감정을 억누르며) 말씀 다 하셨죠? 옥스퍼드 출신처럼 차려 입
고 거드름은 피우고 있으나, 부잣집 도련님하곤 거리가 멀고. 보
아하니 어렵게 고학생으로 자라신 것 같고. 날 고아로 생각한 건
당신이 고아라서겠죠. 영국을 위해서라면 당신 같이 막가는 사
람도 필요할 테죠.

시비는 자신이 먼저 걸었지만, 가시가 돋치기는 했으나 연이어
자신에 대해 정확하게 분석하는 베스퍼의 말에 망연자실한 본드.
저녁 인사를 남기고 자리를 뜨는 베스퍼의 뒷모습에 본드는 자신도
모르게 옅은 미소를 띄운다. 겉으로 보기에는 가시가 돋친 설전을
나누었기에 서로에 대한 부정적인 인상만을 남겼을 것 같은 두 사
람의 첫 만남. 그 후로도 계속되는 본드와 베스퍼 사이의 밀고 당기
는 기 싸움과 재치 대결.

그러나 찬찬히 들여다보면 베스퍼에 대한 본드의 호감이 싹트는
계기가 되었다. 결국 이 호감은 자신의 모든 것을 버리고서라도 이
여인의 사랑을 구하려는 007로서는 상상할 수 없는 지순한 사랑으
로 커가게 된다.

사실 베스퍼는 협조하지 않으면 자신의 애인을 죽이겠다는 르
쉬프르 일당의 협박에 넘어가 어떻게 해서든 본드를 현혹해 르 쉬
프르가 도박에서 이기도록 해야만 하는 입장이다. 그러나 육체적,
물질적 유혹에도 꿈쩍 않는다는 007 제임스 본드를 어떻게 유혹할
것인가 고민했을 베스퍼. 베스퍼는 어떻게 본드의 경계를 허물어뜨

리고 있는 것일까?

유유상종이라고 했던가? 특히나 우월적 지위나 관계, 가치관, 혹은 취향이나 특성을 공유한 사람들 사이에서 느끼는 일종의 친밀감과 유대감이라는 열쇠는 의외로 많은 기회의 문을 열어 줄 수 있다. 명문대를 나온 변호사나 회계사들이 경쟁기업에 종사하면서도 변호사 모임이나 공인회계사 모임에서 만나 동문 혹은 동업종 전문인으로서 서로간의 협조관계를 맺는 현상이나 취미와 취향이 유사한 사람들이 사회적 지위고하를 막론하고 한 자리에 모여 흉허물을 터놓고 격의 없이 지내는 것을 자주 보게 된다. 더 나아가 경쟁관계이기도 하면서 서로를 보완해 주는 긍정적 상황의 맞수 간에는 더욱더 끈끈한 유대가 형성되는 것을 볼 수 있다. 결국 상대와 내가 공감하고 공유할 내용이 많으면 많을수록 사람들은 호감을 느끼고 친근감을 느끼게 된다는 사실이다.

상대의 경계나 적대감이 강하면 강할수록 가급적 사전에 공감대를 적극적으로 찾아라. 직종, 인맥, 목표, 문제, 걱정, 취미, 운동, 가치관, 경험, 이해타산 등등 무엇이든 가능하며 많을수록 좋다. 밀접하고 복합적인 공감대 형성은 호감을 낳고, 호감은 매력으로 거듭나고, 매력은 상대의 경계를 허무는 최선임을 명심하라.

———

신뢰를 넘어 당신에게 의지하게 하라 : Credibility is next to reliance

호텔에 여장을 푼 후, 본드와 베스퍼는 현지 접선책인 르네 마티스

공감대, 경계와 적대감을 푸는 지름길

를 노천카페에서 만난다. 마티스는 이곳에서는 자신 이외에 아무도 도와 줄 사람이 없음을 일러준다. 그러고는 조금 떨어진 자리에 앉아 있는 중년의 콧수염 기른 사내를 가리키며, 그가 현지 경찰국장이라고 일러준다. 그러나 안타깝게도 그가 손쓰기 전에 이미 르 쉬프르가 먼저 국장을 매수하여 골치 아프게 되었으나, 자신의 계략으로 깨끗하게 제거하겠다고 말하는 바로 그때, 현지 경찰들이 달려와 눈앞에서 그를 연행해가는 게 아닌가? 이 광경을 지켜보는 본드의 얼굴에 안도의 미소가 번지고, 뒤도 돌아보지도 않은 채 마티스가 본드에게 한 마디 건넨다.

마티스 (느긋한 미소를 띠며) 점점 자네가 이길 확률이 올라가고 있군.

당신의 능력이나 역량을 은근히 그러나 확실하게 과시할 수 있도록 생생한 상황이나 자료를 연출하고 제시하라. 마티스는 본드 앞에서 이러한 자신의 실력을 유감없이 발휘해 보여준다. 실제 상황에서 상대가 신뢰하는 중립적 제3자의 객관적이고 긍정적인 호평이나 찬사를 직접 보여주고 들려주는 체험을 가미할 수 있다면 더할 나위 없을 것이다.

당신이야말로 상대가 찾던 바로 그 사람, 당신의 제품과 서비스야 말로 고객이 찾던 바로 그 제품과 서비스임을 각인시켜라. 제품과 서비스에 대한 믿음, 그와 함께 당신에 대한 개인적 신뢰와 호감이 형성되고 나면 고객은 당신을 신뢰하는 단계를 넘어서 의존하는 단계로 돌입하게 된다. 다시 말해 당신의 제안이나 의견에 대해 부정적인 평가 성향이 급격하게 반감되어 이전의 적대적이거나 경쟁적인 협상태도가 협력적이며 수용적인 협상태도로 전환되어 협상의 피로는 줄고 결과는 향상되는 최상의 단계를 만끽할 수 있다.

이 영화에서 본드의 대사 가운데 이런 말이 있다. "포커는 자기 패를 어떻게 하느냐가 아니라, 상대를 어떻게 하느냐에 승패가 갈린다." 공감이 가는 이야기이다. 왜냐하면 협상 역시 내가 아닌 협상상대를 어떻게 잘 이끌어 가느냐에 승패가 갈리는 까닭이다.

6

실리는 챙기되
상대에게 명분은 줘라

❋ 제목 : 007 퀀텀 오브 솔러스

❋ 원제 : Quantum of Solace

❋ 제작년도 : 2008년

❋ 감독 : 스티븐 소더버그

❋ 배우 : 대니얼 크레이그, 올가 쿠릴렌코, 마티유 아말릭, 주디 덴치, 조아킨 코시오,
　　　　지안 카를로 지아니니

전작인 〈카지노 로얄〉에서 제임스 본드(대니얼 크레이그)는 오로지 사랑하는 베스퍼와의 달콤한 삶을 위해 007신분마저 포기하고 MI6를 떠나 베네치아에 정착한다. 그러나 전 애인의 꾐에 빠져 자신도 모르게 국제적 거대 범죄 조직과 너무 깊게 얽혀버린 비운의 여인 베스퍼. 결국 자신을 진정으로 사랑하는 제임스 본드를 구하기 위해 베네치아의 뿌연 물속에서 제임스 본드가 내미는 구조의 손길을 스스로 저버린 채 죽음을 택한다. 사랑하는 베스퍼를 죽음으로 몰아넣고 종적을 감춘 베스퍼의 파렴치한 전 애인을 찾아 반드시 복수하겠다고 다짐하는 007의 이야기가 전편에 이어 격렬한 자동차 추격 장면으로 연결되어 시작된다.

영화의 제목인 퀀텀 오브 솔러스는 베스퍼의 복수를 갈구하는 제임스 본드와 처참하게 살해당한 가족의 복수만을 생각하는 새로운 본드걸 카밀(올가 쿠릴렌코)에게는 그들의 복수가 최소한의 위안이라는 해석으로 풀이해도 되지 않을까라는 생각이 든다. 그러나 이 영화에 등장하는 악당 도미닉 그린(매튜 아멜릭)이 운영하는 거대 금융조직이 퀀텀 펀드인 것은 비슷한 이름의 어느 거대 국제 투자 금융기업이 언뜻 떠오르는 것은 필자만의 착시일까? 이 영화처럼

협상은 영화처럼 영화는 협상처럼

약자에 대한 인류적 배려를 저버린 채 오로지 자기들만의 사리사욕에 급급한 일부 선진국 정부와 거대 자본들의 검은 거래로 인해 피멍이 들어가는 가난한 후진국 국민들의 참상을 생각한다면 씁쓸한 영국식 블랙코미디가 아닐까 한다.

탁월한 실적을 내세워 고객을 사로 잡아라

: Charm your hesitant customers with your outstanding accomplishments

태양이 작열하는 카리브 해의 휴양지 아이티의 어느 해변 선착장을 나란히 걸어가며 이야기를 나누는 두 사람. 경호원들의 삼엄한 경비망에 둘러싸인 이들은 볼리비아에서 군사쿠데타를 일으켜 현 정권을 몰아내고 재집권하려는 야욕에 불타는 망명 독재자 메드라노 장군(조아킨 코시오)과 그의 쿠데타를 도와주는 대신 볼리비아의 수자원 사업을 장악하려는 퀀텀 펀드의 도미닉 그린 회장이다. 이제 그들의 대화를 엿들어 보자.

메드라노 장군 (미심쩍은 듯) 정말 이 모든 일을 날 위해 해낼 수 있겠소?
그린 (대수롭지 않다는 듯) 이곳 아이티 사람들은 시간당 38센트에 불과했던 임금을 1달러로 올려 주겠다는 성직자 출신을 대통령으로 당선시켰죠. 1달러가 뭐 대수냐 하겠지만, 저임금에 기대어 티셔츠와 운동화를 만들어 오던 다국적 기업들을 발칵 뒤집어

놓기엔 충분하죠. 그래서 이 거대기업들이 우리에게 도움을 청했고, 우리는 그들이 바라는 변화를 가져다주었죠.

메드라노 장군이 알고 싶은 것은 사업하는 사람이 과연 한 나라의 대통령을 실각시킬 수 있는가? 실제로 실각시켜 봤는가 아닌가이다. 그에 대한 그린의 명쾌한 답변. "거대기업들이 우리에게 도움을 청했고, 우리는 그들이 바라는 변화를 가져다주었죠." 당연히 해보았다. 그것도 성공적으로. 더 말 할 것이 무엇이 있을까?

비즈니스는 비즈니스이다. 기업들 간의 비즈니스 협상이든 국가 간의 외교 협상이든 그 공통된 목표는 이익의 극대화, 그리고 위험

협상은 영화처럼 영화는 협상처럼

과 비용의 최소화이다. 한마디로 확실히 돈이 되던가, 아니면 내게 필요한 도움을 제대로 줄 수 있는 상대가 아니라면 아예 만나지 않는 것이 차라리 낫다. 그러나 궁한 쪽이 당신이라면? 넋 놓고 가만히 있다가는 굶어 죽기 십상이다.

당신 뿐만이 아니라 목표 고객과 어떻게든 거래를 터보려는 수많은 경쟁업체들이 각축을 벌이고 있다면, 그리고 그 고객이 당신에게 허락한 기회와 시간이 부족하면 부족할수록 경쟁업체들에 비해 당신의 우월성, 차별성, 수익성, 그리고 안전성 등이 고객의 상황과 요구에 맞게 부각되어야 한다.

그리고 이 모든 것을 증명할 수 있는 것이 바로 실적이다. 그것도 상대가 찾고 있던 역량과 딱 맞아 떨어지는 실적을 보여 줄 수 있다면, 아니 그것을 능가할 수 있다면 그만이다. 특히나 외교와 무역 양면에서 공히 우리나라의 최대 전략시장인 미국이나 그 밖의 유럽 선진국 시장처럼 아시아 지역의 특성인 확장된 인간관계 중심의 비즈니스 문화가 아니라 직접적인 이익 지향의 비즈니스 문화에서는 실적만큼 갓 만난 새로운 고객에게 신뢰를 불러일으킬 수 있는 것은 없다.

그러나 그런 딱 맞아 떨어지는 실적이 없다고 그냥 포기하고 말아야 할까? 그렇지 않다. 내세울 만한 실적이 아직까지 없다면, 그 어떤 기존 거래선이나 경쟁업체보다 더 나은 품질, 기술, 수익 등을 실현할 수 있는 구체적이고 실질적인 청사진을 제시하라. 실적이 없는 당신과의 거래가 내포한 위험지수보다 거래했을 때 발생할 이익과 성과가 확연히 더 크고 확실하다면, 그래서 더 적은 비용을 투입하여 잘 만하면 큰 이익을 챙길 수 있다는 다소 투기적 승산을 느끼게 되면 고객은 기꺼이 당신에게 기회를 줄 것이기 때문이다. 현대의 고 정주영 명예회장이 창업한 현대중공업의 성공 역시 단 한 척의 배도 만들어 본 적이 없지만 한 사람의 고객을 매료시킬 만큼 매력적인 사업계획서 덕분이었음을 새겨 볼만하다.

상품 하나를 사고파는 단순한 매매거래 협상이 있는가 하면, 자신과 기업의 사활이 걸려 있는 중요한 협상도 있다. 단순히 상품 가격을 결정하는 협상이야 잘 되면 좋고 안 되도 그다지 큰 문제가 아니다. 그러나 자신의 모든 것이 걸려 있는 거래에서는 누구나 극도의 주의와 경계를 기울이는 것이 너무나 당연하다. 그러한 상황에 처한 경우 과연 자신이 어떤 사람이나 기업과 거래를 하는지 그 자체가 가장 중요한 문제로 대두된다. 어떻게 하면 금전적 이익을 조금이라도 더 얻어낼 수 있는지가 관건이 아니라, 최악의 위기상황이 발생하더라도 과연 내가 신뢰할 수 있는 사람인지 아닌지가 가장 중요한 것이다. 결국 예상할 수 있는 최악의 상황에서도 믿고 의지할 수 있는지가 관건이다.

장군 그런데 우리나라(볼리비아)는 카리브 해 한가운데 있는 코딱지만 한 섬나라와는 다르지.
그린 하지만, 저희는 이미 볼리비아 정부를 전복시키는 작업을 시작했습니다.

이미 돌이킬 수 없는 선을 넘었음을, 이미 루비콘 강을 건넜음을

협상은 영화처럼 영화는 협상처럼

메드라노 장군에게 분명히 알려주는 그린 회장. 아무리 철저한 준비를 한다 해도 자칫하다가는 목숨이 달아날 수 있는 위험천만한 쿠데타 모의의 두목으로서, 또한 그 자신이 이미 자신의 손으로 적을 죽여 보았고, 지금 이 순간도 권좌에서 쫓겨나 망명길에 있는 독재자 신세로서 언제나 최우선은 안전이고 생명의 보전이다.

자신의 입으로 대놓고 이야기하지는 않았지만 무엇을 가장 우선시 하는지, 왜 그런지를 상대가 속내를 훤히 들여다보듯 알아서 챙겨준다면 그만큼 고마울 수가 없다. 겉으로는 큰 덩치로 거들먹거리기는 하지만 내심 불안해하는 장군을 보며, 그린 회장의 안심 전략이 펼쳐진다.

> 그린 저희는 장군에게 사설경호원을 붙여 드릴 겁니다. 주요 관료들도 매수할 겁니다. 그리고 우리는 이미 26개국 정부가 신정부를 공식적으로 승인하도록 조치를 취해 놓았습니다. 장군님은 나라를 되찾고 싶으시죠. 제 조직은 볼리비아를 1주일 안에 장군님께 갖다 바칠 수 있습니다.

실리는 챙기되 상대에게 명분은 주어라

그래도 못 미더운지 미적대는 장군에게 막대한 자금과 막강한 국제적 네트워크를 동원한 치밀하고도 빈틈없는 쿠데타 준비와 앞으로 일주일 후면 볼리비아의 정권을 전복시키고 재집권할 수 있도록 모든 준비가 차질 없이 진행되고 있을 알려주는 그린. 그제야 장군은 흡족해 한다.

장군 꽤 바빴겠군. 그 대가로 뭘 원하나?

그린 사막입니다.

장군 (의외인 듯) 아무 짝에도 쓸모없는 곳이야.

그린 그러니까 장군님께선 전혀 손해 볼 게 없는 운수대통 거래죠.

"손해 볼 게 없는 운수대통 거래죠." 그렇다. 한 나라를 차지 할 수 있도록 해 주는 대가가 고작, 아무짝에도 쓸모없는 불모의 사막 이라니. 나중에 가서도 결코 국익을 희생시킨 것이 아니라고 할 수 있으니 더할 나위 없이 좋은 제안이 아닌가? 정말 운수대통이다.

누구나 남는 장사를 하고 싶어 하지 밑지는 거래는 하지 않는다. 어느 기업이 돈 안 되는 밑지는 협상을 하는 직원을 내버려 두겠는 가? 하물며 자칫 기업의 영속성마저 타격을 입을 수 있는 중요한 협상이라면 더 말할 나위가 없다.

필자도 얼마 전 거대 다국적 기업이 국내 기업을 상대로 막대한 손해배상을 요구함에 따라, 기존의 거래관계에는 손상을 입히지 않 으면서 배상금액은 최소화시켜달라는 요청을 받고 협상전략뿐 아 니라 직접 협상에 참여하는 전면적 협상컨설팅을 수행한 적이 있었 다. 결과는 당초 요구의 25%선에서 합의를 유도한 이례적인 성공 이었다.

이미 수도 없이 국제협상을 경험한 필자이지만 이 협상을 진행하면서 새삼스럽게 미국 및 유럽 비즈니스맨들이 극도로 이익을 추구하는 모습을 보며 혀를 내두르지 않을 수 없었다. 개인적인 체면과 평판을 중요시하는 우리나라 사람들 같으면 낯간지러워서라도 그냥 양보하고 넘어갈 만한 상황에서도 거의 억지에 가까운 떼를 쓰며 막무가내로 압박해 올 때는 과연 이 사람들이 부유한 선진국 사람들이 맞나 싶을 정도였다.

물론, 매번 협상 라운드마다 조금씩 양보를 해가면서 관계개선 및 협상을 원만히 진행하는 한국식 퍼주기 협상 스타일과는 전혀 상반된, 그래서 대부분의 한국인들이 협상다운 협상 한번 제대로 하지 못하고 막판에 가서는 거의 무릎을 꿇다시피 선처를 읍소하게 만드는 전형적인 고강도 압박전략 때문에 우리가 힘들 수밖에 없다.

그러나 이와 더불어 비즈니스맨이든 외교관이든 정작 협상에 참여한 실무자들은 사실 결정권을 갖고 있지 않다는 사실을 새삼 기억한다면 왜 그들이 그토록 살벌한 협상을 구사하는지 이해가 갈 뿐 아니라, 그런 그들과의 협상을 어떻게 준비하고 진행해야 하는지에 대한 보다 실질적인 문제 접근이 비로소 가능해진다.

정도의 차이는 있겠지만 대부분의 협상은 한마디로 일정 부분 책임과 권한을 위임 받아, 한정된 범주에서만 잠정적인 합의만 할 수 있는 정책이나 영업대리인들 간의 협상인 것이다. 그렇기에 어떤 최종결정을 합의한다기보다는 실질적으로는 상대가 우리측 상황이나 제안에 대해 수긍할 수 있도록 온갖 방법을 다 동원하여 정보를 전달하고 이해시키는 커뮤니케이션을 수행하는 것이다. 그리고 이러한 노력이 성공적으로 이루어지면 상대는 돌아가 자신의 상사나 최종결정권자에게 우리측의 상황과 제안을 마치 최상의 조건인 것처럼 보고하게 되고, 과욕을 부리다가는 자칫 이것마저도 잃어버릴 수 있으니 어지간하면 그 제안을 받아들이도록 상사를 설득하게 된다. 좀더 정확한 표현으로 한다면 자신의 상사나 최종결정권자에게 우리의 입장과 이익을 옹호하는 내부협상을 펼치도록 준비시키는 과정인 것이다.

한마디로 협상은 상대에게 자신이 투자하고 양보한 것보다 더 많은 실익과 심리적 만족감을 느낄 수 있도록 하는 것으로, 우리측은 고작해야 본전이나 건질까 하는 보잘것없는 결과 밖에 얻지 못했지만, 결코 놓칠 수 없는 상당한 이득을 보는 거래라고 상대가 느끼게 만드는 것이 아닐까?

게다가 이미 흡족할 만한 결과에 내심 즐거워하고 있는 데, 뜻하지 않은 추가 선물까지 덤으로 챙겨 준다면 상대가 자신의 결정권자를 설득하는 것이 한결 더 수월하게 될 것이다. 더구나 그 추가 선물이 결정권자 개인에게 많은 의미를 부여할 수 있는 내용, 즉 단순한 물질적 만족을 넘어서 체면 유지, 평판 개선 등 심리적으로도 높은 만족도를 부여하는 애착이 가는 선물이라면 더할 나위 없는 합의유도 전술이 될 수 있다.

결국 상대에게 매력적인 실익과 현재 조건에서 합의할 수밖에 없었다는 내부협상에서 필요한 확실한 명분이라는 두 마리 토끼를 다 안겨줘야 한다. 우리측이 지불해야 하는 비용이나 양보에 비해 상대가 얻게 될 이익이 더 크면 클수록 거래는 매력적으로 비쳐진다.

더욱이 우리측에서 제시한 논리나 증거를 상대측의 상사나 최종 결정권자에게 그대로 들려줘도 논리적으로 수긍이 가고 합의 결과도 일정 수준 이상으로 만족할 만하며, 동시에 실무자에 대한 업무 성과나 역량평가도 긍정적으로 비쳐질 수 있는 내용이라면 왜 응하지 않겠는가! 더 나아가 이 모든 예상 밖의 성과가 상대측 상사의 치적으로 승화되기까지 한다면 실로 금상첨화이다.

　그러나 이 모든 협상의 전략전술이 바로 상대에 대한 다각적이고 체계적인 정밀 분석을 바탕으로 한 철저한 협상 시나리오에 따른 연출이라는 것을 들키지 않도록 주의하라.

　1970년대 미국과 중국의 데탕트 외교를 성사시키는 등 20세기 미국 외교협상의 대표라 할 수 있는 헨리 키신저가 어느 시사토크 프로그램에 나와서 한 말을 되새겨 보자. "키신저 국무장관님, 미국 정부가 외교협상에서 상대가 어떻게 나올지 제대로 모른 채 협상 테이블에 나가기도 합니까?"라는 사회자의 질문에 키신저는 다음과 같이 단호하고 명쾌하게 답했다. "그런 일은 절대 없습니다. 상대가 어떻게 나올지 한 치의 오차도 없이 정확하게 예측하지 못한 채 협상에 뛰어드는 순간 망하는 겁니다."

　그러나 다 된 밥에 코 빠트리는 사람이 있었으니 이 영화에서는 바로 007 제임스 본드가 바로 그런 사람이다. 본드의 활약으로 쿠데타를 통해 재집권하려던 메드라노 장군의 음모는 수포로 돌아가고, 그린 회장은 자신이 그토록 갈망하던 사막에 버려진다. 사필귀정! 또 하나의 007 이야기가 끝이 난다.

협상은 영화처럼 영화는 협상처럼

7

변호사 천국의 정부가 된
나라에서 협상에 성공하는 길

🎥 **제목** : 런어웨이 주리

🎥 **원제** : Run away Jury

🎥 **제작년도** : 2003년

🎥 **감독** : 게리 플레더

🎥 **배우** : 존 쿠삭, 진 해크먼, 더스틴 호프만, 레이첼 와이즈

어느 날 갑자기 해고를 당한 것에 앙심을 품은 한 사나이가 자신이 근무하던 증권회사를 찾아가 총기를 난사하는 사건이 일어난다. 이 사건으로 졸지에 증권브로커로 근무하던 두 어린 아들의 아버지이자 사랑하는 남편을 잃은 미망인은 총기 판매회사를 상대로 소송을 제기한다. 그러나 지금까지 총기회사가 패소한 적은 한 번도 없었다는 사실이 말해주듯 처음부터 무모한 승부였다. 변호사 웬델 로(더스틴 호프먼)는 총기회사가 고용한 배심원 전문 컨설턴트인 랜킨 피츠(진 해크먼)를 상대로 힘겨운 법정 승부를 펼친다.

〈런어웨이 주리〉는《야망의 함정》,《펠리컨 브리프》,《타임 투 킬》등 역대 최고의 베스트 스릴러 작가인 존 그리섬의 베스트셀러 소설을 영화화한 법정 스릴러물이다.

상대의 제안에는 일단 놀란 반응으로 대응하라 : 플린칭(Flinching)

어스름한 어둠이 내리는 어느 초가을 저녁, 미국 남부의 한 저택으로 검은색 리무진 차량들이 줄을 지어 들어선다. 이번에 진행되는 총격 사건 소송에 휘말린 미국 최대의 총기회사 사장의 집이다. 거실에는 이번 소송에 함께 연루된 미국의 5대 총기회사 오너들이 모여 있다. 그들 앞에는 이번 사건에서도 역시 승소할 것을 약속한 랜킨 피츠가 윤기 흐르는 고급 정장차림으로 의뢰인들을 마주보며 앉아 있다.

사장A (굵은 시가를 손가락에 낀 채 거만한 모습으로 피츠를 노려보며) 당신 요구는 올 때마다 커져만 가는군. 총 1,200만 달러나 더 청구하다니. 우리 다섯 회사가 그동안 꼬박꼬박 지불해 온 돈만 해도 벌써 2천만 달러에 이르오. 당신 동네에선 뭐 그 정도 갖고서 거액 운운하느냐고 할지 몰라도 물가 비싼 캘리포니아라 해도 2천만 달러면 배심원 전체를 몽땅 매수하고도 남을 거액이란 말이요.

가뜩이나 소송에 휘말려 기분도 언짢은데 변호사가 더 많은 수임료를 요구하니 총기회사 사장의 입에서 볼멘소리가 쏟아져 나오는 것이 당연해 보이기도 한다. 플린칭(Flinching)은 상대방이 제시하는 가격, 납기일, 사양 등에 대해 지나친 요구라는 것을 표시하는 방법의 하나로 당황하거나 놀라는 반응을 보이는 행위이다. 만약 상대방이 제시한 사항에 대해 지나친 요구라거나 터무니없는 요구라는 듯이 놀라는 기색을 보이지 않는다면 그 제의가 타당하다는 의사를 전달하는 셈이 된다. 조목조목 논리적인 반박을 하는 동시에 다소 격앙된 표정과 목소리를 사용하면 심리적으로 상대를 압박하는 효과가 있다.

유인책으로 상대의 관심을 돌려라 : Decoy

저녁시간, 이 자리에 모여 있는 5대 총기회사 사장들의 심기는 상당히 불편하다. 2천만 달러라는 막대한 비용을 이미 선금으로 지급한 후 승소는 떼놓은 당상이라 여기고 마음 편히 지내고 있었는데, 소송이 뜻대로 안 풀리니 다짜고짜 1,200만 달러를 더 내놓으라고 하니 액수도 액수지만 도대체 이번 재판이 혹시 잘못되어 가는 것이 아닌가 하는 불안감을 떨칠 수 없었던 것이다. 결국 승소를 약속한 피츠에 대한 불신감이 팽배해지고, 자신들의 아까운 돈에 대한 애착이 머릿속을 복잡하게 만들고 있다.

어떻게 이런 거액을 아무렇지도 않게 요구할 수 있을까? 피츠는 이제껏 단 한 번도 패소한 적이 없는, 말 그대로 업계에서 최고의 전문가이다. 특히 총기회사를 상대로 한 소송에서 불패의 전설을 갖고 있다. 그도 그럴 것이 그의 조직에는 MIT출신의 컴퓨터 엔지니어, 심리학자, 법정언어학 전문가, 베테랑 사립탐정, 도청전문가 등 수십 명의 전문 인력들이 최첨단 장비를 동원하여 그를 지원하고 있다. 최종 판결에서 총기회사에게 유리한 결정을 내릴 사람들만이 배심원에 선정되도록 조작하고, 이에 반대하는 배심원은 갖은 협박과 회유, 심지어는 생명을 위협하는 등 온갖 불법 행위를 마다하지 않고 어떻게든 총기회사가 승소할 수 있도록 하는 것이 피

94

츠의 사업 방식이었던 것이다.

> 피츠 (여유 있는 웃음을 띤 채) 3만이란 수를 어떻게 생각하십니까?
>
> 사장 A (종잡을 수 없다는 듯) 3만? 무슨 얘길 하는 게요?
>
> 피츠 한번 곰곰이 생각해 볼만한 숫자죠? 매년 발생하는 총기사고 사
>   망자 수입니다.

가만히 듣고 있던 총기회사 사장들의 얼굴에 순간 어두운 그림
자가 드리운다. 제대로 먹혀들었다고 느낀 것일까? 피츠의 굵은 목
소리가 한층 힘을 받는다.

피츠 작년 한 해 동안, 남녀노소를 불문하고 여러분이 판매한 총기로
인해 불구가 된 사람들은 10만 명.

피츠가 추가로 요구한 1,200만 달러가 너무 많다고 생각하여 어
떻게든 금액을 낮춰 보겠다고 단단히 벼르고 있던 사장들. 그러나
자신들의 탐욕을 채우기 위해 아무에게나 무분별하게 판매한 총기
로 수많은 무고한 사람들이 죽거나 다치고 있다는 이야기에 가슴이
뜨끔했는지 아무런 대꾸도 못한 채 잠자코 듣고 있다. 기실 자신들
이 실질적인 범죄자임을 대놓고 말하는 피츠가 이제는 조금 두렵기
까지 하다.

상대의 협상력이 우세한 주제나 상황에서 당신에게 유리한 주제
나 상황으로 상대의 관심을 옮겨 놓아라. 특히 상대에게는 치명적
인 약점이나 위협이 될 수 있는 충격적인 정보나 솔깃한 자료를 제
시하여, 새롭게 맞닥뜨린 문제 상황에 혈안이 되어 어떻게든 이 문
제를 해결하고자 하는 강한 욕구, 더 나아가 심리적 공황과 위기의
식을 조성하라. 피츠가 말한 총기사고 사망자수는 총기회사 오너들
에게 위기의식을 높일 수 있는 유효한 정보가 된다.

당신이 제공하는 일련의 정보가 객관적이며 중요하다고 느낄수
록 당신에 대한 전문가적 신뢰도도 함께 이끌어 낼 수 있다. 그러는
사이 상대가 애초에 느끼고 있던 협상력의 우위는 점차 약화되거나
잊혀진다. 따라서 문제를 보는 관점이나 태도의 변화를 이끌게 된
다. 즉 궁극적으로 협상 말기에 당신이 제시하게 될 최종 제안이나

요구에 대한 저항과 반발의 소지가 줄어들어 보다 짧은 시간에 더 나은 협상 결과를 이끌어 낼 수 있다.

___

결론은 가능한 1이란 숫자로 끝내라 : The Law of small numbers

피츠는 총기회사 사장들의 이러한 약점과 위험요소를 정확하게 포착하여 자신에게 유리한 상황을 조성하고 있다.

> 피츠 (득의양양해진 피츠, 자리에서 일어나 앉아 있는 다섯 사장의 의자를 하나씩 건드리며 걸음을 옮긴다. 그러면서 낮은 목소리로 읊조리듯 말한다.) 그것도 아니면 1이란 숫자에 주목해 볼 수도 있죠. 왜냐하면 그들이 절실히 원하는 건 단 한 번이기 때문이죠. 단 한 번의 승소, 단 한 번의 선례.

여러 가지 경우의 수로 요점을 흐리지 마라. 피츠가 제시한 '단 한 번의 승소, 단 한 번의 선례'라는 말처럼 사람들은 한 가지의 단순 명료한 최종 결론에 깊은 인상을 받는다. 특히 전반부에 다양한 상황변수를 제시한 후 결론으로 던지는 단 한 가지 제안, 사례, 결과, 목표, 방안은 상대로 하여금 더 이상의 고민 없이 당신의 제안을 최선 혹은 최종적 결론으로 인식하게 하는 데 도움이 된다. 특히 상담이나 협상 말미에는 가급적 단 하나로 결론을 마무리 짓도록 노력하라.

감춰진 두려움을 일깨워라 : 위협(Intimidation)

피츠는 계속해서 총기회사를 상대로 한 소송이 봇물 터지 듯 제기
될 수 있는 상황을 차분히 설명한다.

> 피츠 이유는 일단 피해자들이 한 번 승소하기만 하면, 그 때부턴 온 나
> 라가 총기소송이란 소송은 다 걸게 될 것이고 결국 20억 달러란
> 돈이 소송비나 보상비로 한 푼도 남김없이 다 날아가 버릴 겁니
> 다. 바로 매년 여러분들이 총기와 탄약을 팔아 벌어들이는 바로
> 그 20억 달러 말입니다.

상대의 저항이 강하거나 자신의 협상력이 약할 경우에는 상대의
감춰진 두려움을 일깨워라. 상대가 제안을 받아들이지 않으면 생각
하기도 싫은 원치 않는 결과가 초래될 수 있음을 때로는 분명히, 때
로는 넌지시 반복하여 인식시켜라. 누구나 겉으로 드러내고 싶지
않은 극도의 두려움을 안고 있다. 그 두려움이 크면 클수록 남들이
눈치 채지 못하도록 숨기게 된다. 재정적인 문제일 수도 있고, 건
강, 사회적 지위나 신분, 인간관계 등 두려움의 원천은 사람마다 다
를 수 있다.

피츠는 총기회사의 수입액 전체를 언급하며 두려움을 극대화시
키고 있다. 두려움은 인간의 이성을 마비시킨다. 논리적으로는 거
부할 결정이나 비이성적 행동도 공포에 휩싸이면 주저하지 않게 된

다. 극한의 상황에서 초인적인 능력을 발휘하는 것과 같은 맥락이다. 결국 상대를 공포에 떨게 할 수 있다면 상대를 제어하기는 한결 수월해진다. 그런 일은 결코 일어나서는 안 되며, 생각조차 하기 싫은 바로 그 상황. 극도의 두려움 속에 바라는 것은 단 하나. 어떤 비용과 수고를 감수하고서라도 해결책을 찾으려 하는 것이다. 상대가 강하면 강할수록 당신의 협상력이 약하면 약할수록 상대의 두려움을 찾아내는 것은 선택이 아닌 필수이다.

─────

지불비용보다 얻는 이득이 더 큼을 보여라
: Less cost, much greater gain

> 피츠 (만면에 회심의 미소를 지으며, 다소 비굴하게) 저희들로서도 그 정도면 거액이죠. 제가 여러분에게 요구하는 돈은 곤란한 판결이 야기할 비용에 비하면 정말 푼돈이죠.

위의 피츠의 대사는 현재 지불하는 비용이 앞으로 닥칠 막대한 금전적 손해에 비하면 그리 큰 액수가 아니라는 것을 효과적으로 설명하고 있다. 당초에는 지나친 요구나 과다한 비용으로 인식되었으나 막대한 금전적 손실, 명예실추, 건강악화, 사업도태 등 일단 현실로 닥쳤을 때에는 도저히 감당할 수 없는 손실과 고통이 불가피하다는 것을 깨닫게 되면, 이제는 충분히 지불하고 수용할 만한 조건으로 인식의 전환이 일어난다.

변호사 친국의 정부가 된 나라에서 협상에 성공하는 길

게다가 처음에는 상대의 기만이나 설득에 넘어가서는 안 된다는 방어적이고 회피적인 태도였으나, 이제는 자발적이고 적극적으로 자신의 위기상황을 방지(극복)하려는 결단력과 협력적인 태도의 변화를 갖게 된다. 즉 초기에는 당신을 경쟁적이며 적대적인 협상 상대로만 인식했지만, 이제는 문제를 해결해 줄 수 있는 협력자이자 파트너로 당신을 인식하는 전환이 이루어지게 된다.

이 장면에 나오는 피츠의 여러 협상기법은 한마디로 리프레이밍(Reframing)이라고 할 수 있다. 새로운 정보를 제공하여 상대가 지니고 있는 기존 관점이나 태도를 바꾸는 것을 말한다. 리프레이밍 기법은 적절히 구사하기만 하면 너무나 자연스러워서 상대에게 협상을 하고 있다는 느낌을 거의 주지 않고 오히려 당신을 사업의 협력자로 인식하게 만든다. 이처럼 고차원의 협상 기법이 바로 리프레이밍인 것이다.

협상이 잘 안 돼?
싫으면 관두시던가!

🎥 **제목** : 오션스 13

🎥 **원제** : Ocean's Thirteen

🎥 **제작년도** : 2007년

🎥 **감독** : 스티븐 소더버그

🎥 **배우** : 조지 크루니, 알 파치노, 브레드 피트, 맷 데이먼, 엔디 가르시아

할리우드의 미남 배우 조지 클루니, 브래드 피트, 앤디 가르시아, 맷 데이먼이 등장하는 〈오션스〉 시리즈. 그리고 이번 3편에서는 〈대부〉로 우리나라 영화 팬에게 잘 알려진 알 파치노까지 악역으로 합세하여 화려한 캐스팅을 자랑하는 〈오션스 13〉. 라스베이거스에 있는 최고급 호텔과 카지노를 실제 영화촬영지로 사용하여 세계적으로 유명한 호텔들의 화려한 시설을 구경하는 재미도 쏠쏠한 영화이다. 영화에 등장한 호텔은 광고 효과도 톡톡히 보았다고 한다.

호텔업계의 야비한 미다스의 손, 윌리 뱅크(알 파치노). 영업이 시원찮은 호텔을 헐값에 구입한 후 완전히 뜯어 고쳐, 최신식 시설과 흠 잡을 데 없는 업계 최고의 서비스로 도박계의 큰손인 '고래'들을 끌어들여 단시간에 최고의 카지노 호텔로 탈바꿈시켜 놓는 것으로 유명한 인물이다. 그가 이제껏 소유했던 전 세계의 모든 호텔들은 하나도 빠짐없이 최고의 호텔임을 증명하는 파이브 다이아몬드상을 수상했다. 이번에는 라스베이거스에 자신의 이름을 딴 호텔을 신축하여 개장을 준비하는 뱅크. 그러나 사업 시작단계에서 뱅크의 사기와 협박으로 오션(조지 클루니) 일당의 정신적 지주인 루벤이 호텔 경영권을 빼앗기고, 그 충격으로 인해 심장마비로 쓰러져 사경

협상은 영화처럼 영화는 협상처럼

을 헤매게 된다. 오션 일당은 루벤에 대한 복수로 뱅크 호텔을 파산하게 만드는 치밀한 계획을 세우며 다시금 모이게 되는데.

───

강력한 상대일수록 논리와 심리의 총체적 자극을 통해 두려움을 일깨워라 : Integrated logical and psychological stimuli

지질학자로 변장해 호텔 안에 있는 뱅크의 사무실로 찾아간 오션 일당의 행동대장인 러스티(브래드 피트). 라스베이거스를 둘러싼 모하비 사막의 지진연구 보고서 운운하며 뱅크에게 접근한다. 강진으로 뱅크의 호텔 건물이 순식간에 붕괴되는 실감나는 그래픽 시뮬레이션을 보여주는 러스티. 그는 호텔의 위치가 최악의 지진이 발생할 수 있는 아주 위험한 곳에 있으니 지금 당장 호텔을 폐쇄해야 한다고 으름장을 놓는다.

뱅크 (불안한 기색을 감추지 못하며) 요점이 뭔가?

러스티 호텔을 폐쇄하세요.

뱅크 아직 개장도 하지 않았어. 근데 폐쇄라니? 절대 안돼.

러스티 호텔이 무너지지 않길 바라는 수밖엔 없군요. (지진 감지기, 사실은 뱅크를 감시하기 위한 카메라 상자를 건네주며) 받으세요. 지진 감지기예요. 지진이 감지되면 사람들을 즉시 대피시켜야 합니다.

뱅크 이딴 건 원하지도 않고 필요도 없어.

러스티 그럼 당신이 진짜 원치 않는 걸 말씀드리죠. 타임지 표지에 호

협상이 잘 안 돼? 싫으면 관두시던가!

텔사진이 실리는 거죠. 강철 빔과 깨진 유리가 산더미처럼 쌓여 있고 그 밑에 깔려 있는 당신과 수많은 투숙객들. 헤드라인은 누구의 잘못인가? 쯤 되겠죠. 이런 사태야 말로 당신이 원하지 않는 거겠죠. (가슴을 쓸어내리는 뱅크. 비서가 지진 감지기를 뱅크의 책상 뒤 선반에 조심스레 올려놓는다.)

이제 오션 일당은 뱅크의 일거수일투족을 훤하게 꿰뚫게 되었다.

상대의 잠재의식 속에 꼭꼭 숨어 있는 두려움을 일깨운다는 것, 게다가 두려움을 모르는 자신만만한 상대를 겁주는 것은 결코 쉬운 일이 아니다. 상대방의 지위가 높으면 높을수록, 재력이 막강하면 할수록, 명성이 높고 화려하면 할수록 더욱더 어려워진다. 특히나 영화에 등장하는 뱅크처럼 하는 일마다 승승장구하는 상대일 때는 더욱 그렇다. 하지만 이렇게 완벽해 보이는 상대일수록 그중 하나라도 잃어버리면 어쩌나 노심초사하고 있다는 사실을 아는 사람은 의외로 많지 않다.

논리와 감정을 동시에 흔들어 놓을 수 있는 두려움을 치밀하게 준비하라. 권위를 느끼게 하는 잘 꾸며진 서류와 자료, 그리고 눈과 귀를 동시에 자극하는 시청각 자료의 적극적 활용은 상대의 오감을 통해 상대의 심리의 기저까지 당신의 메시지를 강하게 전달할 것이다. 러스티가 언급한 지진연구 보고서나 뱅크에게 보여준 시뮬레이션처럼 말이다. 이러한 논리와 심리의 총체적 자극을 통해 상대의 뼛속까지 두려움을 심어주라.

싫으면 관두고 : Take it leave

뱅크를 속이기 위해 대형굴착기를 이용하여 가짜 지진을 발생시키려던 오션 일당의 계획이 굴착기 고장으로 난관에 봉착하게 된다. 유일한 해결책은 새로운 굴착기를 가져오는 것. 그러나 3,600만 달러라는 거액이 필요한 상황에서 오션 일당은 이미 자금이 바닥난 상태이다. 어쩔 도리 없이 전편에서 자신들과 한판 대결을 펼친 테리 베네딕트(앤디 가르시아)에게 돈을 빌리려고 한다. 자신이 돈을 빌려 주는 대신 의무조항을 나열하는 베네딕트.

협상이 잘 안 돼? 싫으면 관두시던가!

베네딕트 첫 번째, 날 물먹였다간 너흰 전부 죽어. 두 번째, 투자금 3,600만 달러의 2배 수익 보장. 그리고 뱅크가 호텔이라 부르는 그 육중한 괴물을 완전히 망가뜨려줘. 뱅크를 파멸시켜 줘. 뱅크가 개장한 호텔은 한 번도 파이브 다이아몬드 상을 놓친 적이 없어. 그리고 수상 기념으로 매번 진짜다이아몬드 5개를 그 아내에게 사줬지. 세 번째, 그 다이아몬드를 훔쳐.

오션 불가능해. 우린 사람도 모자라고. 시간도 없고, 게다가 잡히면 종신형이야.

베네딕트 내가 갖겠다는 게 아냐. 뱅크에게 가장 소중한 것을 잃는다는 게 어떤 건지를 맛보게 해주려는 것뿐이야. 훔치기 싫으면 다른 돈줄 찾아봐.

만약 상대에게 당신 이외의 다른 대안이 없다는 확신이 서면 가장 편안하고 즐거운 협상 순간이 당신을 기다리고 있다. 베네딕트처럼 하려면 하고 말려면 말라(Take it or leave)는 협상기법이다. 물론 당신이 생각할 수 있는 최선의 조건을 요구하는 것은 당연지사이다. 더 이상 대안도 없고 시간도 없으며, 자칫 우물쭈물하다 당신마저 놓치기라도 했다가는 돌이킬 수 없는 손실을 보게 되거나 혹은 큰 이익이나 기회를 놓쳐 버리는 상대에게 걸어보는 꿀맛 같은 협상기법이다. 사실 협상의 막바지까지 이르렀다면 양측 모두 발을 너무 깊이 담그고 있기 때문에 별 다른 대안이 없이 서로 상대의 처분만 기다리는 상황에 이르는 경우가 허다하다.

결국 누가 더 상대의 발을 깊이 빠트리고, 누가 더 자신의 제안

협상은 영화처럼 영화는 협상처럼

을 놓칠 수 없을 만큼 매력적으로 포장하는 가가 관건이다. 상대의 약점과 두려움을 더 많이 알면 알수록 상대의 욕구와 열망을 얼마나 더 자극하는 가에 따라 이 꿀맛 같은 기법을 쓸 수 있느냐 없느냐가 결정된다. 개인적인 인간관계를 중요시하는 우리나라나 아시아 국가보다 인정사정 보지 않는 냉혹한 비즈니스 성과중심의 미국 등 서구 유럽인들이 가장 선호하는 협상기법이기도 하다.

___

상대의 이야기를 끝까지 들어 보고
속내를 파악하라 : Listen, listen and listen

상대가 제시한 조건들을 잘 듣다 보면 이번 협상에서 절실히 원하는 궁극적 목표가 무엇인지 파악할 수 있다. 이 궁극적 목표는 심리적 집착이 다른 조건들보다 훨씬 강해서 이것만 달성된다면 다른 조건들에 대해서는 어느 정도 양보가 가능한 경우가 많다. 앞의 영화 장면에서 오션은 베네딕트의 진짜 목표이자 절실한 소원은 뱅크 호텔이 망하는 것이지 투자수익금이나 다이아몬드가 아니라는 것을 눈치 챘다.

말을 아껴라. 대신 귀를 기울여라. 상대의 눈빛과 목소리, 그리고 미묘한 표정 변화를 통해 상대의 속내를 파악하라. 그러면 비용은 줄이고 이익은 늘릴 수 있는 절묘한 기회가 당신에게 다가 올 것이다.

결국 오션 일당이 조작한 호텔을 뒤흔드는 지진과 돈을 걸기만

하면 따도록 승부를 조작한 카지노의 도박관리 시스템의 고장으로 개장 행사는 엉망진창이 되고 뱅크의 호텔과 카지노는 복구불능으로 망가져 버린다. 한편, 베네딕트가 요구한 2배의 수익금은 오션이 베네딕트의 이름으로 오프라 윈프리 쇼에 자선기금으로 기부해 버려, 베네딕트는 거액 기부자로서 어쩔 수 없이 오프라 쇼에 초대되어 출연하게 된다.

협상상황이 언제나 당신에게 유리한 것은 아니다. 오히려 감당하기 벅찬 힘겨운 상대와 여러모로 불리한 여건에서 성공보다 패색이 짙은 협상을 진행해야 하는 경우가 더 많다. 만약 당신이 이런 곤란한 상황에 처해 있고, 놓칠 수 없는 협상을 앞두고 있다면 이 영화를 꼼꼼히 살펴보고 자신에게 적용해 볼 수 있는 점을 찾아보라. 치밀한 상황분석과 철저한 협상 시나리오, 그리고 완벽한 준비. 카지노를 둘러싼 오션 일당의 통쾌한 한판 승부, 〈오션스 13〉이었다.

협상은 영화처럼 영화는 협상처럼

9

협상가, 악명을
떨칠수록 성공한다

❧ **제목** : 300

❧ **원제** : 300

❧ **제작년도** : 2007년

❧ **감독** : 잭 슈나이더

❧ **배우** : 제러드 버틀러, 레나 헤디, 데이빗 웬햄, 로드리고 산토로

기원전 480년 7월, 페르시아의 황제 크세르크세스가 이끄는 100만 대군이 그리스를 침공한다. 그리스의 도시국가들은 사분오열되어 연합군 결성이 지연되고 스파르타의 왕 레오니다스(제러드 버틀러)는 자신의 정예 근위대인 300명의 스파르타 용사들을 이끌고 테르모필레 협곡, 즉 뜨거운 문으로 향한다.

스스로 헤라클레스의 후손임을 자부하는 그리스 최고의 전사 국가, 스파르타. 전장에서 죽는 것을 최고의 명예로 생각하는 스파르타의 전사들. 그들은 산과 바다 사이에 자리 잡고 있는 좁은 테르모필레 협곡에서 페르시아 대군을 저지하는 데 성공함으로써 결과적으로 그리스 함대의 퇴각을 도와 이후 페르시아 전쟁에서 그리스가 승리하는 기틀을 놓게 된다. 그러나 레오니다스 왕을 포함한 300명의 정예군은 전원이 장렬히 전사한다. 역사이기에 앞서 신화가 되어 버린 테르모필레 전투.

프랭크 밀러의 그래픽 노블을 원작으로 한 영화 〈300〉은 역사상 가장 유명한 전투 중 하나인 이 테르모필레 전투를 통해 스파르타 전사들의 용맹, 열정, 자유, 희생을 보여준다. 절대로 퇴각하지도 항복하지도 않도록 교육받은 스파르타인들. 그들의 신화가 2500년이나 지난 오늘날 스크린에서 생생하게 부활한다.

———

듣기 좋은 명성보다 차라리 악명을 떨치는 게 낫다
: The crueler your reputation is, the easier to frustrate your enemy

영화가 시작되면 주인공인 스파르타의 레오디나스 왕의 출생과 함께 그 역시 그리스 최고의 전사인 스파르탄이 되기 위해서 어떤 역경을 겪었는지를 보여 주는 장면이 이어진다.

> 내레이션 갓 태어난 그 아기도 스파르타 전통의 검사를 거쳤다. 체격이 왜소했거나 장애가 있었다면 버려졌을 것이다. 그리고 걸음마를 시작한 순간부터 싸우는 법을 배웠다.

어린 레오디나스와 부왕의 가혹하고 인정사정없는 모진 검투 연습장면이 나타난다. 아버지가 아니라 오로지 꺾지 않으면 내가 죽을 수밖에 없는 적으로만 보고 있는 어린 스파르탄의 눈에는 이미 투지와 살기가 그득하다. 그리고 남편과 아들의 살기등등한 전투 훈련을 묵묵히 곁에서 지켜보고 있는 어머니의 모습이 오히려 더 섬뜩하다.

> 내레이션 절대 물러서거나 항복해선 안 되며, 스파르타를 위해 싸우다 전장에서 죽는 게 최고의 영광이라고 배웠다.

협상가, 익명을 떨칠수록 성공한다

모진 훈련을 마치고 쉬는 동안 부왕의 훈계를 들으면서, 수없이 많은 전투에서 창칼을 막고 적의 살과 피를 뒤집어썼을 스파르타 왕의 방패를 경이로움과 설렘이 가득 찬 채 매만지는 어린 레오니다스의 모습에서 영웅의 면모가 드러난다.

걸음마를 시작한 순간부터 싸우는 법을 익히며 제일 먼저 배우는 것은 전장에서 절대 물러서거나 항복해서는 안 되고, 스파르타를 위해 싸우다 전장에서 죽는 것이 최고의 영광이란 것. 그리고 7살이 되면 전통에 따라 어머니와 떨어져 세계 최고의 전사로 거듭나기 위해 받게되는 300년 전부터 이어져 온 가혹한 군사훈련, 아고게(Agoge). 어떠한 육체적 고통도 감수하며 살아남기 위해서는 살인까지도 서슴지 않는 처절하고도 잔혹한 훈련이다.

그리고 이어지는 마지막 관문인 성인식. 냉혹한 광야에 던져져 용맹한 전사가 되어 집으로 돌아가거나 죽느냐가 결정된다. 이 모든 과정을 거쳐 살아남은 전사 중의 전사. 듣기만 해도 적의 간담을 서늘케 하는 이름. 바로 스파르탄이다.

그리스를 치려니 용맹무쌍한 스파르타가 걱정되는 당대 최대의 제국인 페르시아의 황제 크세르크세스. 레오니다스를 힘으로 위협하고 돈으로 매수하여 어떻게든 전쟁에 나서지 않도록 하기 위해 특사를 파견한다. 페르시아의 크세르크세스 황제의 특사가 수많은 그리스 왕들의 수급을 들이밀며 기세 좋게 스파르타의 항복을 종용한다.

레오니다스 스파르타에선 왕의 특사라 해도 자신이 뱉은 말에 책임져야 함을 명심하라.

특사 흙과 물!

에둘러 표현했지만. 한 마디로 스파르타를 내놓고 항복하라는
이야기. 그러나 짐짓 못 알아들은 척 하는 레오니다스.

레오니다스 흙과 물을 받으려고 이 먼 곳까지 왔다?
특사 백성들의 목숨을 소중히 여긴다면 잘 들으십시오. 크세르크세스
　　　황제의 군사력은 막강합니다. 거대한 군대가 움직이면 땅이 흔
　　　들리고 물을 들이키면 강이 마르지요. 전능하신 황제께서 원하
　　　는 건 단 하나. 흙과 물을 바침으로서 황제께 절대 복종을 맹세
　　　하는 거지요.

아무 말 없이 듣고 있는 레오니다스 왕의 모습에 이제 단단히 겁
먹었으리라 여긴 특사는 대놓고 충성 맹세까지 하라고 종용한다. 짐
짓 심각한 표정으로 특사의 제의를 숙고하는 듯한 레오니다스 왕.

레오니다스 복종? 그건 좀 힘들겠군. 듣자 하니, 아테네인들도 거부했
　　　다지? 약해 빠진 호모들과 철학자들이 그 정도 배짱인데 우리 스
　　　파르타를 너무 우습게 봤군.
특사 (위협적인 근엄한 목소리로) 하고자 하는 말을 신중히 택하십시오.
　　　왕으로서의 마지막 말이 될 수 있습니다.

순간 산들바람 한 자락이 불어오고, 말없이 자신을 바라보는 성안의 백성들과 들녘의 백성들의 모습이 레오니다스의 눈에 가득 차온다. 그리고 스파르타 왕으로서의 명예로운 결정을 응원하는 왕비의 결연한 모습이 그의 최종결정을 매듭짓는다. 허리춤의 칼을 천천히 빼어 드는 레오니다스. 왕의 칼은 특사의 목을 겨누고, 어느새 근위병들의 칼도 특사와 함께 온 페르시아 병사들의 목을 겨누고 있다.

특사 (당황한 듯)이게 무슨 짓입니까?
레오니다스 흙과 물? 저 밑에 아주 많아. (특사와 그 일행을 커다란 우물 가장자리로 몰아붙인다.)
특사 누구도 황제의 밀사를 협박할 순 없어!
레오니다스 (이글거리는 분노와 왕다운 준엄한 목소리로) 네 놈들이 정복한 왕의 해골을 여기 가져왔고, 왕비를 모욕했으며, 내 백성들을 죽이겠다 협박했어! 난 하고자 하는 말을 신중히 택했다. 네놈도 그랬어야지.
특사 신성 모독이야! 미친 짓이라구!

신성모독, 미친 짓이란 말이 걸렸는지 특사의 목에 겨눴던 칼을 내려놓으며 생각을 달리하려는 듯한 레오니다스. 다시 한 번 왕비와 눈이 마주치고, 왕비는 '뜻대로 하소서'라는 듯 고개를 끄덕인다.

레오니다스 (눈을 부라리며) 미친 짓? (고함치듯) 여긴 스파르타야!

말이 끝나기 무섭게 발길질로 특사를 우물에 밀어 떨어뜨리는 레오니다스. 근위대의 칼과 발길에 특사 일행 모두 우물 속으로 거꾸로 떨어진다.

우리나라 사람들처럼 세간의 평판에 신경 쓰는 사람들도 드물다. 관대함, 인자함, 겸양지덕 등등 고매한 인품의 소유자로 존경받는 데 필요한 유교적 덕성에 흠집이 가지 않도록, 즉 자신의 명망과 체면이 구겨지는 일이 없도록 너나 할 것 없이 어지간히 신경 쓰며 살아간다.

그러나 철저한 자기 실리주의가 팽배한 국제외교 및 비즈니스 협상 전장에서 당신에게 실질적으로 도움이 되는 것은 그 이름 석 자만으로도 상대의 오금이 저리게 할 정도의 협상가로서의 악명이다. 즉 상황에 따라서는 거칠기 이를 데 없고 바늘로 찔러도 피 한 방울 안 나올 정도로 냉혹하며, 상대의 약점을 정확히 간파하여 무자비하게 짓밟으면서도 자신의 약점이나 허점은 결코 노출하지 않는 빈틈없는 협상전문가로서의 평판을 확보해야 한다.

인정사정없는 양육과정에 대한 명성만으로도 스파르타는 주변의 나라들을 충분히 공포에 떨게 할 수 있는 위압감을 느끼게 해준다. 마치 금방 지옥문에서 뛰쳐나온 전쟁과 파괴의 신 아수라를 연상시킬 정도의 악명을 떨치는 것이다. 따라서 상대가 가급적 대결적 충돌을 피하고, 만약 협상을 하더라도 애초부터 협상목표를 적정하게 하향 조정하여 공격적인 협상공세 자체를 지레 포기하도록 강한 심리적 압박을 가하게 만드는 것이다.

삼국지에 나오는 사공명주생중달(死孔明走生仲達), 즉 죽은 제갈량이 산 사마의를 이겼다는 고사가 바로 이 경우를 일컫는다. 자, 상대로 하여금 당신과의 협상 자체에 대한 두려움을 느끼게 하라. 애초부터 확실한 조건을 제시하지 않았다가는 더 큰 화를 자초할 수 있으니 처음부터 확실히 굽히는 것이 상책이라고 상대가 믿게 만들라.

아니면 최소한 당신이 껄끄러운 협상상대라는 인식을 강하게 심어주어라. 그렇게 된다면 상대가 누구이든 간에 협상에 쏟는 당신의 수고는 반감되고 성과는 배가 될 것이다.

———

상대의 우회로를 차단,
외통수를 만들어라 : Nullify the BATNA of the enemy

막강한 100만 대군의 위력과 엄청난 뇌물을 앞세워, 순순히 항복할 것을 종용하러 온 크세르크세스 황제의 특사 일행을 기세 좋게 참살해 버린 레오니다스. 이제 페르시아의 100만 대군과의 일전은 돌이킬 수 없게 되었다. 하지만 출전에 대해 결정하는 것은 왕이 아닌 고대의 신들을 모시는 제사장인 에포르들의 특권이었다. 그러나 이미 크세르크세스가 건넨 막대한 금화에 매수된 이들은 레오니다스의 출전을 반대하고, 이제 전쟁 허가를 얻기 위한 레오니다스의 설득이 시작된다.

협상은 영화처럼 영화는 협상처럼

레오니다스　페르시아 군대 병력이 수백만에 달한다고 합니다. 막강한
　　　　　　　적이란 건 의심의 여지가 없지요. 그러나 우리는 스파르
　　　　　　　타의 월등한 전투력과 험준한 지형을 이용해 적을 섬멸할
　　　　　　　겁니다. 북쪽 해안으로 가 적군이 상륙하는 해안에 거대
　　　　　　　한 벽을 쌓아 우회로를 막고 테르모필레 협곡으로 몰아넣
　　　　　　　을 겁니다.

에포르들의 신탁을 받지 못하면 크세르크세스의 뇌물에 넘어간
매국노들의 전쟁불가론에 휘둘리고 있는 의회를 설득할 수 없는 상
황이다. 또한 전쟁 승리의 신탁을 받아 가야 '전쟁에서 이길 수 있
겠구나'라며 페르시아 100만 대군이라는 미증유의 강적을 상대로
한 전쟁에서 승리할 수 있다는 한 가닥 희망의 불꽃을 피울 수 있음
을 레오니다스는 누구보다 잘 알고 있다.

사실 에포르들의 입장에서는 레오디나스가 패전한다면, 크세르
크세스가 참전을 승인하는 신탁을 내린 자신들을 가만두지 않을 것
이라는 사실을 잘 알고 있다. 따라서 레오디나스 왕이 확실히 크세
스크세스의 대군을 이길 수 있다는 확신, 즉 참전의 신탁을 내린 자
신들의 최종적인 안전을 확신하고 안심할 수 없다면 어떻게 자신들
의 목숨이 달아 날 참전을 용납할 수 있겠는가. 레오디나스왕의 피
를 말리는 설득이 이후에도 계속된다.

협상 전 준비과정에서 파악해야 할 여러 핵심 정보 가운데, 가장
중요한 정보가 상대의 대안, 즉 BATNA(Best Alternative to a Negotiated

Agreement)를 파악하는 것이다. 그리고 더 나아가 상대가 생각하는 BATNA의 근거와 시행방침, 예를 들자면 가격과 품질수준, 브랜드 전략, 납기일 등 상호 의견 차이로 인해 합의가 어려울 것으로 예상되는 독소 사안을 이유로 당신과의 거래를 파기한다는 가정 하에 고려하고 있는 대안이나 차선책과 그 타당성을 미리 파악하는 것이다.

예를 들면 경쟁업체로의 거래선 변경, 대체재 발굴, 거래 포기 등은 이익이 되는 것이 아니라 오히려 더 큰 위험과 손실을 초래하는 현명하지 못한 판단이며, 결국 당신과의 적정한 거래만이 최선 혹은 유일한 실제적 해결책임을 확신시켜, 상대가 스스로 대안을 포기하도록 유도하고 설득해야 한다.

정리하자면 상대가 생각하는 대안(BATNA)은 그 어떤 이득도 가져다주지 못할 뿐 아니라, 자칫 이제껏 깨닫지 못한 더욱더 막대한 손실과 위험을 초래할 수 있음을 일깨워 상대로 하여금 위험과 손실을 회피하려는 심리적 방어기제를 작동시키는 것이다. 상대가 대안을 빨리 포기하면 할수록 당신의 협상은 한층 수월해지며 성과도 향상될 수 있다.

———

상대의 결정적 파워를

무력화시켜라 : Neutralize enemy's prominent power

이제까지의 레오디나스 왕의 승전 전략만으로는 확실히 안심이 되

지 않는 레포르들. 레오디나스 왕은 레포르들에게 이 전쟁에서 스파르타가 반드시 승리한다는 것을 확신시키기 위해서 왜 크세르크세스의 백만 대군이 스파르타군을 이길 수 없는지, 스스로 물러 갈 수밖에 없는지를 조목조목 설득한다.

레오니다스 좁디좁은 협곡의 통로 안에선 적군의 숫자는 아무런 의미
　　　　　　가 없지요. 페르시아가 아무리 파상 공격을 해 오더라도
　　　　　　스파르타 전사들의 방패막을 결코 뚫을 수는 없습니다.
　　　　　　시체가 쌓이면 적군의 사기는 떨어질 것이고, 결국 크세
　　　　　　르크세스는 전쟁을 포기할 것입니다.

흔히들 협상의 3대 요소를 정보(Information), 시간(Time), 그리고 파워(Power)라고 한다. 그러나 자세히 살펴보면 협상의 3대 요소는 결국 파워 하나로 귀착된다. 협상은 파워 게임인 것이다.

비즈니스에서 파워의 종류는 매우 다양하다. 브랜드, 시장점유율, 제품력, 기술력, 자금력, 시장 통제력 등 일반적인 파워도 관건이지만 특정 시점, 시장, 지역 등 개별 협상 당사자간의 특수한 상황에서 비대칭적으로 발생하는 상황적 파워의 종류와 양상은 더욱 다양하다. 레오니다스는 일반적인 파워는 페르시아가 강하지만 테르모필레 협곡이라는 특수한 상황에서는 오히려 스파르타의 파워가 강함을 강조하고 있다.

비즈니스의 예를 들자면 평소에는 과도한 납품단가 인하 요구와 장기 어음결제에도 찍 소리 한번 못하고 무조건 수용하는 상황이었으나, 갑작스런 자재 품귀현상이 발생하자 중소기업이지만 대기업 고객에게 가격 인상과 납품 및 결제방식 개선을 강력히 요구할 수 있게 된 하청업체의 경우를 들 수 있다. 사무실에서는 직속 상사로서 당신의 목줄을 쥐락펴락하는 입장이었으나 험준한 회사 단체 산행 때 비만한 몸을 가누지 못해 등산전문가인 당신의 도움 없이는 무사히 산을 내려가지 못할까 두려워 할 때, 상사로서의 권위파워는 사라지고 등반전문가로서의 당신의 파워가 대두되는 경우도 있다. 이러한 일시적이고 예외적으로 생성되는 상황적 파워를 현명하게 이용하면 해당 상황, 시기, 대상에만 국한하지 않고 보다 장기적이고 광범위한 범위에서의 유리한 변화를 협상을 통해서 이끌어 낼 수 있다. 마치 부부 사이에 단 한 번의 사소한 실수로 약점이 잡혀 평생 쥐어 살게 되는 경우도 이에 해당한다 하겠다.

상황의 변화에 따른 상대의 실책을 예의주시하라. 그리하여 당신을 억눌러 온 상대의 위협적 파워를 무력화시킬 절호의 기회와 상황을 절대 놓치지 않도록 하라. 아무리 상황이 불리하고 힘겨운 상대와의 협상이라 하더라도, 진정한 협상가라면 레오니다스 왕처럼 확신에 찬 한마디를 던질 수 있어야 한다. "좁은 협곡 통로 안에선 적군의 숫자는 아무런 의미가 없지요." 당신의 운명이, 우리의 미래가 그 한 번의 협상에 달려 있을지 모른다.

협상가, 악명을 떨칠수록 성공한다

상대의 부정적
대안(BATNA)을 제거하라

🎬 **제목** : 신데렐라 맨

🎬 **원제** : Cinderella man

🎬 **제작년도** : 2005년

🎬 **감독** : 론 하워드

🎬 **배우** : 러셀 크로우, 르네 젤위거, 폴 지아마티, 브루스 맥길

잦은 부상과 왜소한 체구, 오랜 공백 기간에도 불구하고 거대한 헤비급의 상대들을 사각의 링 위에 차례로 눕히며 신데렐라맨으로 불린 남자. 2명의 선수를 죽음으로 몰아간 당시 세계 헤비급 챔피언 맥스 베어를 누르고 새로운 챔피언에 오르며 파란을 일으켰던 제임스 브래독이다. 스포츠 기자이자 극작가였던 데이먼 러니온은 1936년 당시 복싱의 역사를 통틀어 제임스 브래독의 인생 스토리만큼 감동적인 드라마는 없을 것이라고 극찬했다.

영화 〈신데렐라맨〉은 1930년대 대공황기의 미국 뉴욕을 배경으로 실존했던 헝그리복서 제임스 브래독이 노장의 투혼을 발휘하여 빈곤과 절망에 허덕이던 서민들에게 희망의 빛을 주었던 실화를 영화화한 감동의 복싱 드라마이다.

체구는 왜소하지만 타고난 감각과 근성으로 세계챔피언을 바라보던 전도유망한 라이트헤비급 복서 제임스 브래독(러셀 크로우). 그러나 주무기인 오른 주먹의 잇단 부상과 연이은 부진한 시합으로 선수자격마저 박탈당하고, 때마침 불어 닥친 대공황은 하루아침에 그를 빈민 구제소나 기웃거리는 부두 노동자로 전락시키고 만다. 빈곤의 바닥에서 사랑스런 아내(르네 젤위거)와 어린 아이들과도 뿔

뿔이 흩어지게 될 위기에 내몰리던 어느 날, 자신의 매니저였던 조 굴드(폴 지아마티)의 주선으로 링에 다시 설 수 있는 뜻밖의 행운이 찾아오고, 세계 랭킹 2위인 상대를 3라운드에서 KO로 눕히며 파란을 일으킨다. 빈민가 출신 부두노동자가 복싱 스타로 거듭나는 그 순간이 바로 신데렐라맨의 탄생이었다.

———

끌리면 끌릴수록
겉으로는 무관심하라 : The more attractive, the more reluctant

녹슬기는커녕 고된 막노동으로 더욱더 강해져 돌아온 브래독. 게다가 공황기의 힘든 삶에 지친 서민들의 가슴에 오랜만에 환희를 심어 준 신데렐라맨에 대한 관심과 인기는 가히 센세이셔널하다. 이를 지켜보다 내친 김에 세계 챔피언 타이틀까지 노려보는 매니저 조 굴드. 그러나 프로복싱업계의 거물 흥행주인 존스톤은 여전히 브래독의 가능성에 회의를 보이며 시합을 좀처럼 허락하지 않는다. 브래독의 매니저이자 오랜 친구인 조 굴드는 최대의 고비인 시합 승인을 얻어내기 위해 존스톤을 상대로 희대의 말재간을 선보인다.

대공황 시기라고는 믿기지 않을 만큼 화려한 존스톤의 사무실. 한물가도 단단히 간 복서라며 브래독은 안중에도 없는 듯한 존스톤의 태도에 조 굴드는 위축된다. 사실 존스톤은 얼마 전 치른 랭킹 2위인 그리핀과 브래독의 대전에서 그리핀에게 내기 돈을 걸었다. 하지만 브래독의 예상을 뒤엎는 KO승으로 판돈깨나 날린 터라 브래독의 매니저를 마주 대하고 있는 것 자체도 심기가 편치 않아 보인다.

> 존스톤 (시가를 피우며 냉랭한 목소리로) 왜 브래독의 시합을 승인해야
>   하나? 내게 남는 게 뭔가?
> 조 굴드 (능청스런 목소리로) 신문도 안 보세요? 신문마다 브래독 얘기
>   로 난리도 아니에요.
> 존스톤 (귀찮은 듯) 그건 내 알 바 아니고, 아무튼 나까지 신경 써야 할
>   이유가 뭐냔 말일세?

사실 존스톤도 지난번 그리핀과의 대전에서 보여준 전성기 못지않은, 아니 어찌 보면 전성기를 뛰어넘는 브래독의 뛰어난 기량에 내심 놀란 것이 사실이다. 권투 흥행주로서 또한 그 자신이 도박계의 큰손으로서 브래독이 가져다줄 여러 가능성에 대해 모르는 바가 아니다. 하지만 지금 브래독의 오랜 매니저이자 절친한 친구인 조 굴드를 앞에 두고, 게다가 어차피 수익을 어떻게 나눌 것인지에 대해 이야기해야 할 것이 확실한 상황에서 괜히 맞장구를 쳐줘봤자 이익이 될 것이 전혀 없다는 것은 뻔한 이치. 업계 거물답게 존스톤 역시 협상깨나 해본 티가 묻어난다.

성공 협상의 첫 단추는 무관심의 연출임을 기억하라. 아무리 상대의 제안이 매력적이더라도 겉으로 드러내지 않고 무덤덤하게 행동하는 것이 관건이다. 실례를 들자면 판매자의 경우 어차피 제품을 살 사람은 얼마든지 있다거나, 오늘 안 팔리면 내일 팔면 된다든

지, 재고는 반품하면 그만이라든지 하며 굳이 안 팔아도 그만이라는 여유를 보여주는 것이다. 구매자라면 나쁘지는 않은데 당장은 굳이 살 필요가 없다든지, 아직 재고도 남아 있고 기존 거래선이 있어서 당장은 구매 의사가 없는 데 조건이나 한번 이야기해 보라고 튕기는 것이다.

그러나 이 무관심 전술이 진정한 효과를 보기 위해서는 선행전술이 반드시 필요하다. 바로 상대의 발을 빠트리는 후킹(Hooking) 전술이다. 상대로 하여금 당신을 결코 놓칠 수 없는 우수 고객이나 거래선이라고 판단하도록 사전에 적정한 정보를 제공해 강한 인상을 심어 놓는 것이다. 예를 들자면 구매력, 자금력, 기술력, 판매망, 매출 규모, 브랜드 파워 등등 상대가 도저히 포기할 수 없는 매력적인 요소를 충분히 인지시킨 후에야 이 무관심 전술의 효과는 극대화된다.

동병상련을 느끼게 하라 : Empathy

브래독의 시합에 대해 존스톤의 거부반응을 감지한 조 굴드는 이미 예상하고 온 듯 얽힌 매듭을 하나하나 풀어 나간다.

> 조 굴드 (죄송스러운 듯 어눌한 목소리로) 브래독이 그리핀을 때려 눕혀 아직 화가 덜 풀리신 것 제가 왜 모르겠습니까? 압니다. 몰라도 여러 사람 속상하게 했을 겁니다. 왜 안 그렇겠습니까?

논리적으로 본론에 들어가기에 앞서 상대의 심리와 감정 상태를 파악하고 튜닝하라. 부정적인 감정이나 선입견을 가진 상대에게는 단순한 논리적 접근을 통한 설득은 먹히지 않는다. 논리적 설득을 하기에 앞서 상대로 하여금 자신에 대한 거부감을 떨어버리고 긍정적이고 우호적인 감정을 갖게 만드는 것이 설득의 첫 단추이기 때문에 반드시 제대로 끼워야 한다. 대표적인 방법이 조 굴드가 지난 시합에서 내기 판돈을 잃은 존스톤의 심정에 공감을 표시하듯이 감정적 공감대를 형성하는 것이다. 자신도 상대방의 고통, 어려움, 고민, 낙담을 충분히 공감한다는 것을 표정과 음색, 그리고 다정스러운 말로 넌지시 전달하라. 이렇게 한다면 상대방은 자신의 고통을 같이 나누는 당신을 싫어할 리 만무하다. 자, 여기까지가 영업협상 전초작업이다.

빌 클린턴 전 미국 대통령의 성공을 이끈 핵심 역량 중 하나는 다름 아닌 사람을 끄는 힘, 즉 대인관계에 있어서의 거의 마력에 가까운 그의 매력이었다고 한다. 실제로 그와 1분 이상 이야기를 나눈 사람치고 지지하지 않는 사람이 드물었다고 하니 가히 마력이라 하겠다. 그 인간적인 매력의 핵심이 바로 동병상련 전술이다. 특히 텔레비전 앞에서 약자의 입장에 서 있는 다수의 서민과 유색인종이 겪고 있는 어려움을 말하며 눈시울을 붉히다 결국 흘려버린 몇 방울의 눈물은 갖은 스캔들로 얼룩져 정치적 몰락을 예상했던 대통령 선거에서 예상을 뒤엎는 재당선을 가져 왔다. 뻔한 정치적 공약보다 사람의 마음을 파고드는 그의 동병상련 전술이 얼마나 효과적이었는지 여실히 보여주는 사례라고 할 수 있다. 힐러리도 지난 미국 대통령 선거를 위한 민주당 예비선거에서 같은 효과를 잠시나마 보지 않았나 한다.

———

상대를 안심시켜 부정적 대안을 무너뜨려라 : Relief from anxieties

조 굴드는 존스톤이 자신의 예상대로 말려들었다고 판단했는지 진지하게 브래독의 시합이 왜 필요한지 그 당위성을 늘어놓기 시작한다.

> 조 굴드 브래독하고 루이스를 다시 붙이는 겁니다. 루이스가 이기면 브래독에게 복수해서 좋고, (장난기 어린 미소를 띠며) 루이스는 래스키하고 붙기 전에 실전 경험 제대로 쌓아서 좋고, 언론에 떠서 좋고. 그리고 또요? 존스톤 씨는 돈을 버는 거죠. 그 반대로 생각해 볼까요? 정말 만약인데요. 만에 하나 브래독이 루이스를 이기면, 래스키하고 붙게 될 거고 거기서 브래독이 지면? 당신은 더 많은 돈을 버는 거죠. 한 마디로 브래독을 복귀시키지 않는 것보다 복귀시켰을 때 이기든 지든 상관없이 더 돈이 된다 이 말씀이죠. 생각해 보세요. 결과는 뻔하잖습니까?
>
> 존스톤 (잠시 뜸을 들이는 듯하더니, 마침내 옅은 미소를 지으며) 그 입 서커스판에 내놔도 손색없겠군.

상대가 당신과의 거래를 원치 않고, 다른 거래나 거래선을 선택

하는 대안(BATNA, Best Alternative to a Negotiated Agreement)으로 기우는 가장 근본적이고 직접적인 이유는 당신과 당신이 제시하는 제안 내용이 석연치 않기 때문이다. 한마디로 불안하기 때문이다. 이러한 불안 요소는 예산 초과, 납기 지연, 추가 업무 등의 부정적 상황과 맞물리는 경우 당신의 협상을 실패로 몰아갈 수 있다.

위의 대화에서 조 굴드는 어떤 상황이 벌어지더라도 존스턴에게는 아무런 손해가 없이 이익만을 얻을 수 있다는 것을 일깨워주고 있다. 결국 당신과의 거래에서 자칫 야기될 수 있는 각종 손실, 실패, 비난, 문책 등 여러 불안 요소에서 벗어날 수 있는 논리적 설명과 자료를 제시하여 상대의 심리적 저항을 무력화시켜라. 그리하여 가시적 수익개선, 시장확대, 비용절감 외에 잠재적인 추가 혜택과 이익을 조목조목 부각시켜 투입 비용 및 위험 요소에 비해 탁월한 성과달성 가능성과 그에 따른 개인적인 인센티브, 예를 들면 승진, 업무개선, 고과개선, 신기술 획득, 네트워크 구축 등에 집착하도록 관점을 유도하라.

하지만 협상 막바지에 이르렀는데도 불구하고 상대의 머릿속에 아직도 다른 대안이 살아 숨쉬고 있다면 그 협상은 십중팔구 실패했거나 아니면 상당한 어려움을 겪고 있음에 틀림없다. 특히 당신의 제안에 대하여 상대가 기본적으로 신뢰도가 높지 않다거나 그다지 흥미를 갖고 있지 않은 경우, 혹은 다른 제안이나 거래처와의 거래에 전도되어 있을 경우에는 가급적 협상 초기에 상대의 대안이 그 타당성을 상실하도록 치밀한 리프레이밍(Reframing) 전략을 구사하는 것이 중요하다.

왜냐하면 상대는 당신과의 거래 성사에 대해 기본적으로 부정적인 견해와 입장을 취하고 있기 때문이다. 애초에 거래 성사를 바라지 않거나 별 기대를 하지 않고 있는 상황일 수 있다는 말이다. 이때 상대는 당신과의 협의나 협상을 통해 최적의 합의를 이끌어 내려고 노력하는 것이 아니다. 따라서 상대는 제안 받은 내용에서 당신의 현재 비즈니스 상황이나 당신 개인의 신변 상황을 이유로 들어 어떻게든 이번 거래가 성사되어서는 안 된다는 타당성을 충족시키려 한다. 그리고 그 이유를 당신에게 보란 듯이 제시하기 위해 궁정적인 측면과 장점은 과소평가하고 부정적인 측면과 단점은 과대평가하거나 집중적으로 부각시키려는 입장을 취하는 경우가 허다하다. 한마디로 '어디 한번 설득해 보려면 설득해 봐라. 그렇게 호락호락하게 넘어갈 내가 아니다'라고 계속해서 심리적 저항 기저를 강하게 구축하고 있는 것이다.

이러한 상대를 향해 당신이 외치는 제품이나 서비스 혹은 기타 사업협력 제안의 갖가지 이익은 그 빛을 발하기는커녕 자칫 상대의 반박논리의 잿밥으로 변해 버리기 십상이다. 만약 당신이 지금 이와 같은 조건과 부합되는 상황에 놓여 있다고 판단한다면 이제부터 아래의 이야기에 귀 기울여 보기 바란다.

상대가 지나치게 까다롭게 나온다거나 아니면 정반대로 별 반문도 없이 그냥 무성의하게 당신을 대하고 있다면, 상대의 머릿속에는 이미 당신이 제시하는 메시지나 제안, 그리고 당신에 대한 부정적인 편견이 자리 잡고 있음을 감지해야 한다.

그러한 반감을 감지했다 하더라도 그것을 잠재울 수 있는 기분 좋은 내용과 분위기를 만들면 아침 안개가 걷히듯이 말끔히 제거될 수 있을까? 그렇게 쉽게 된다면 얼마나 좋겠는가? 그냥 듣기 좋은 이야기를 잔뜩 늘어놓기만 하면 되는 것일까? 답은 그것이 아니다.

여러 가지 답이 있을 수 있지만 여기서는 그중 한 가지를 이야기해 보겠다. 상대가 대안(BATNA)을 고수하는 가장 근본적이고 직접적인 이유는 스스로 생각하고 있는 차선책과 비교하여 당신이 제시하는 제안 내용이 석연치 않고 미심쩍기 때문이다.

대충 무슨 이야기인지는 이해하지만 그렇다고 정말 그렇게 해도 되는 것인지, 제안을 수락했다가 나중에 탈이 나지 않을지, 한번 해보자고 했다가 나중에 문제가 발생하여 그 책임을 떠안아야 되는 것은 아닌지 등등, 한마디로 안심이 되지 않고 불안하기 때문이다.

이러한 불안 요소는 책정된 예산을 조금이라도 상회하는 비용이 소요된다든지, 납기가 예상보다 오래 걸린다든지, 당초 생각보다 내용이 어렵고 복잡하다든지, 당신과 이전에 거래관계가 없다든지, 너무나 새로운 개념이라든지 등등의 부정적 상황이 다각적으로 맞물리는 경우에는 도저히 극복하기 어려울 정도로 증폭되어 협상을 실패로 몰아가게 된다.

결국 상대의 불안 요소를 파악하여 숨겨진 불안에서 풀려 날 수 있는 메시지를 전달해 주어야 한다. 한마디로 고민과 걱정을 덜어 내 주어야 한다는 것이다. 그러기 위한 접근법은 긍정과 부정의 양면을 균형 있게, 오히려 부정적인 측면에 대한 확고한 보조논증(Relieving argumentation), 즉 안심할 수 있음을 증명하는 내용을 충분히 담고 있어야 한다.

그렇다면 이러한 안심(안도) 메시지는 언제 제시하는 것이 가장 적절할까? 커뮤니케이션의 첫 번째 원칙인 긍정이 부정보다 낫다는 것을 기억하면 간단하다. 먼저 애초에 준비한 제품이나 서비스의 장점과 효과를 개괄적으로 설명한다. 이로써 이 거래가 기본적으로 상대에게 이로운 것임을 천명하는 투묘효과(Anchoring effect)를 볼 수 있다.

이때 상대의 반응을 유심히 살펴봐야 한다. 상대가 열광적으로

상대의 부정적 대안(BATNA)을 제거하라

호응하며 그 자리에서 계약이 체결되고 예상보다 더 큰 규모의 추가 계약을 요구한다면 굳이 애써 보조논증(Relieving argumentation)을 늘어놓을 필요는 없다. 이런 경우에는 오히려 해가 될 수도 있어 자칫 다 된 밥에 코 빠트리는 우를 범하게 될지도 모른다.

그러나 당신의 침 튀기는 장점 설명에도 불구하고 상대의 얼굴에 미심쩍고 석연치 않다는 낌새가 보인다면, 이제 주머니 속에 숨겨두었던 보조논증을 풀어놓을 때가 되었음을 알아야 한다. 그리고 그 작업은 다음과 같은 순서로 진행해야 한다.

1. 상대의 숨겨진 거부감이나 걱정, 두려움을 넌지시 또는 확연히 들추어내라.
2. 우선 공감하라.
3. 거부감이나 두려움을 구체화하고 한정시켜라.
4. 상대의 개인적 손해나 피해 우려를 알고 있음을 공개하라.
5. 해당 두려움의 요소를 해소하라. 한마디로 전혀 문제가 되지 않음을, 오히려 감춰진 추가 혜택과 이익이 있음을 밝혀라.

이렇게 걱정과 불안을 털어버리게 되면 이제는 당신을 적대적이거나 협상의 경쟁상대로 보는 것이 아니라 우호적인 협력관계로 보게 된다. 이제까지의 분배교섭(Distributive bargaining)에서 통합교섭(Integrative Bargaining)으로 협상의 성격에 변화가 오게 되는 것이다.

또한 당초에 협상의 걸림돌이었던 여러 요소들, 예를 들면 예산, 납기, 실적, 기존 거래선과의 관계 등등의 문제에 대해 비타협적 태

협상은 영화처럼 영화는 협상처럼

도에서 창의적 유동성으로 태도 변화가 일어나게 된다.

그리고 협상 커뮤니케이션 과정에서 구축된 우호적인 관계 성립은 통상적인 협상에서 자주 야기되는 각종 부정적 파워 사용을 자제하게 만든다. 그리고 공정하고 우호적인 협상의 토대를 마련하여 자칫 지나친 파워의 개입으로 야기될 수 있는 압박자와 피압박자 사이의 반목과 대립의 상황을 방지할 수 있게 된다.

무엇보다도 최종 걸림돌이었던 대안(BATNA)이 어느덧 위력을 잃어 아예 사라지고 당신과의 거래에서 어떻게 하면 더욱더 높은 성과와 긍정적이고 생산적인 효과를 극대화할 수 있는가에 초점이 옮겨 가는 궁극적 효과를 볼 수 있게 된다.

존스톤의 시합 승인을 이끌어 낸 것은 어쩌면 살려고 몸부림치는 친구 브래독을 향한 조 굴드의 속 깊은 우정과 인간애가 아니었을까? 그 측은지심 한 조각이야말로 신데렐라맨의 기적을 만든 마법이 아닐까? 최고의 협상은 영혼을 실은 마음이라는 생각이 들게 하는 이 영화가 시대도 상황도 다르지만 고달픈 일상을 살아가는 이 땅의 평범한 남편들, 아버지들의 이야기와 별반 다르지 않다고 느껴지는 것은 필자만의 생각일까? 왠지 가슴 한켠이 먹먹해져 온다.

면죄부로 상대의
심리적 저항을 잠재워라

🎬 **제목** : 버티칼 리미트

🎬 **원제** : Vertical Limit

🎬 **제작년도** : 2000년

🎬 **감독** : 마틴 캠벨

🎬 **배우** : 크리스 오도넬, 로빈 튜니, 스튜어트 윌슨, 빌 팩스톤, 스콧 글렌

영화의 제목인 〈버티칼 리미트〉는 생명체가 살 수 없다는 의미로 대략 해발 8천 미터의 수직 한계점을 의미한다.

사람들은 살아가면서 얼마나 자주, 그리고 어떻게 협상을 하고 있을까? 아무렇지도 않게 주고받는 말이 혹시 전문가 수준의 협상은 아닐까? 아니 자신이 협상을 하고 있다는 사실조차 모르고 살아가고 있는 것은 아닐까? 영화의 첫 장면에서 전개되는 긴박한 상황 속에서 이루어지는 대화를 통해 평범한 일상 속에서 우리가 얼마나 자주, 그리고 복잡한 협상에 노출되어 있는지를 살펴보고자 한다.

미국 애리조나의 사막 한가운데 있는 마뉴먼트 계곡에 위치한 메릭 부트의 깎아지른 수백 길의 수직암벽을 한 가닥 로프로 서로 연결한 채 거침없이 올라가는 세 사람이 있다. 등반가로서 세계적인 명성을 지닌 자상한 아버지 로이스 가레트(스튜어트 윌슨)가 제일 후미를 맡고, 아들 피터(크리스 오도넬)는 중간을 맡아 쉬엄쉬엄 아름다운 풍경을 카메라에 담아가며 노련한 솜씨로 여유 있게 올라가고 있다. 그리고 제일 선두는 아버지를 닮아 산을 무척 사랑하는 딸 애니(로빈 튜니)가 맡았다. 주고받는 농담 속에서 아버지와 자녀간의 애틋한 정을 느낄 수 있다. 그러나 이 정겨운 등반은 곧 돌이킬 수 없는 비극으로 치닫게 된다.

갑자기 위쪽에서 들려오는 "조심해"라는 다급한 목소리. 앞서가던 아마추어 등반가 두 사람이 암벽에서 떨어져 한 가닥 로프에 서로 연결된 채 곧장 이들을 향해 곤두박질친다. 선두의 애니와 피터는 절벽에 바짝 붙어 가까스로 위기를 넘겼으나, 맨 아래에 있던 아버지의 가슴에 두 사람을 연결한 로프가 맹렬한 속도로 덜컥 걸려 버린다. 순간적인 충격에 애니가 설치한 3개의 안전캠 중 하나가 바위틈에서 튕겨져 나온다. 한 가닥 로프에 굴비 엮이듯 허공에 매달린 다섯 사람. 그러나 아마추어 등반가들은 공포에 휩싸여 버둥댄다. 과중한 무게를 견디지 못하고 두 번째 캠이 튕겨져 나오고, 동시에 아버지의 몸이 젖혀지며 버둥대던 두 사람은 외마디 비명 속에 절벽 아래로 곤두박질친다.

이제 남은 캠은 단 하나. 결코 세 사람의 몸무게를 지탱할 수 없다. 아버지의 지시에 따라 캠 하나를 암벽 틈에 끼워 넣어보려 안간힘을 써 보는 애니. 그러나 아무리 팔을 뻗어 봐도 닿지는 않고, 오히려 애니의 발버둥에 하나 밖에 남지 않은 캠마저 바위틈에서 조금씩 미끄러져 나오고 있다.

이를 지켜보던 아버지는 무언가를 결심한 듯 말한다.

아버지 (너무나도 차분한 목소리로) 피터 칼을 꺼내라.
피터 (황당한 듯) 뭐라구요?
아버지 그냥 내 말대로 해.

이 순간 더 이상 견딜 수 없다는 듯, 캠은 날카로운 금속성 비명을 지르며 당장이라도 튕겨져 나올 듯 바위틈에서 비척댄다. 순간 자신도 모르게 칼을 급히 빼어 드는 피터.

아버지 (여전히 차분한 목소리로) 꾸물댈 시간이 없다. 아비를 위해서 꼭 해야 돼. 내 줄을 잘라.

로프 끝에 매달린 채 남의 이야기를 하듯 줄을 자르라는 아버지를 내려다보며 어찌 할 바를 몰라 다급한 숨만 몰아쉬는 피터. 그리고 줄을 잘라서는 안 된다며 미친 듯이 울부짖는 애니. 아버지의 마음은 더욱더 다급해진다.

아버지 캠 하나에 우리 셋은 안돼. 내 줄을 잘라. 잘라야 해. 네가 안 자르면, 나 때문에 다 죽게 되는 거야, 다 죽는다고.
애니 (미친 듯 울부짖으며) 안돼요.
아버지 (강경한 목소리로) 애니, 넌 잠자코 있어. (애원하듯) 피터, 한 명 죽느냐 셋이 다 죽느냐야, 내 말 무슨 말인지 알지.
애니 (애절하게) 아빠, 제발 오빠보고 줄 자르라 하지 마세요.
아버지 (애니의 절규를 애써 무시하며) 피터, 네 동생을 죽일 셈이냐? 네가 안 자르면 애니는 죽어. 어서 이 줄 잘라.
피터 전 못 하겠어요.
아버지 어서 자르라니깐.
피터 못 하겠어요.

협상은 영화처럼 영화는 협상처럼

애니 그만해요.

아버지 이제 곧 저 캠은 튕겨져 나올 거야. 그럼 애니도 죽고 너도 죽
　　　 어. 네가 동생을 죽이는 거야.

애니 제발 그만해요

아버지 (절박함과 분노가 뒤섞인 목소리로) 빌어먹을 줄 자르란 말이야.
　　　 어서 잘라. 아빠는 괜찮아, 그냥 잘라. 시간이 없어. 아무도 너
　　　 를 비난하지 않아. 걱정하지 말고 그냥 자르면 돼. 이러다간
　　　 애니도 죽고 너도 죽어. 그냥 잘라, 피터!

어서 자르라는 아버지의 다급한 목소리와 자르면 안 된다는 여
동생의 피 맺힌 절규가 엇갈려 들려오는 가운데, 칼을 로프에 갖다
댄 피터의 눈동자는 텅 빈 허공에 꽂힌 채 걷잡을 수 없이 흔들린다.
그리고 잠시 후⋯, 아버지 로이스의 몸이 둔탁한 소리를 내며 허공
을 가로질러 땅바닥에 털썩 내려 꽂힌다. 주검. 그러나 그의 표정은
왠지 평화스럽기까지 하다.

지금까지 영화 속 장면을 독자가 충분히 느끼고 나름대로 분석
할 수 있도록 상세히 기술해 보았다. 이제 영화 장면에서 뿜어져 나
왔던 숨 막히는 흥분은 잠시 가라앉히고, 어떤 협상기법들이 대화
속에 깃들어 있었는지 살펴보도록 하자.

시간이 얼마 남지 않았다고 재촉하라

우선 가장 눈에 띄게, 그리고 반복해서 나타나는 것은 아버지의 시간압박(Time pressure) 기법이다.

"꾸물댈 시간이 없다."

"피터, 네 동생을 죽일 셈이냐? 네가 안 자르면 애니는 죽어. 어서 이 줄 잘라."

"이제 곧 저 캠은 튕겨져 나올 거야. 그럼 애니도 죽고 너도 죽어.

네가 동생을 죽이는 거야."

"어서 잘라. 그냥 잘라. 시간이 없어. 이러다간 애니도 죽고 너도 죽어. 그냥 잘라, 피터!"

아버지는 피터로 하여금 자신을 묶고 있는 로프를 자르도록 하기 위해서 시종일관 시간이 없음을 계속해서 강조하고 있다. 그리고 결국 비극적 결론이기는 하지만 어쨌든 마지막 캠이 빠져 나오기 전에 피터가 로프를 잘랐으므로 이 시간압박 기법이 제대로 먹혀들어 간 듯하다. 특히나 시간은 소모된다라며 약속시간 엄수, 마감시간 등 시간에 대한 강박관념이 가장 강한 미국인들이니 틀림없이 효과적이었을 것이다.

다양한 우월적 지위를 이용하라

다음으로는 아버지인 로이스가 이용한 다양한 파워(Power)들이다. 예들 들어, 아버지로서의 위치와 권한의 파워를 들 수 있다. 자식으로서 부모의 말에 순종해야 하는 것은 세상 어디서나 별 차이가 없는 듯하다.

두 번째는 전문성의 파워이다. 세계 정상급의 등반전문가로서 줄을 끊으라는 로이스의 지시에 힘을 실어주는 근거가 된다.

"애니야 잘 들어라. 백전노장이라 할지라도 완벽하게 무장해야 현명한 산악인이다."

저 비극적인 사건이 벌어지기 적전에 아버지가 딸 애니에게 들려주는 위의 대사를 들어 보면 그가 얼마나 대단한 전문 산악인인지 충분히 짐작할 수 있다. 실제로 영화 후반부에서 애니가 K2에서 조난당하자 그녀를 구하다 결국 목숨까지 잃는 전설적인 산악인이 바로 아버지의 절친한 친구라는 사실에서도 애니와 피터의 아버지가 전문적인 산악인이라는 것을 알 수 있다.

세 번째는 신뢰의 파워이다. 어쩌면 이 장면에서 가장 중요한 협상의 요소일 수도 있다. 평생을 통해 한결같이 자식들을 사랑하고 보살펴 온 아버지에 대한 피터와 애니의 흔들리지 않는 신뢰. 결코 하루아침에 쌓을 수 없는 굳건한 신뢰야말로 아버지로서 로이스가 사용한 가장 막강한 협상의 파워였다. 자녀들과의 협상에서 제대로 이기고자 한다면 오늘부터 신뢰의 파워를 키워 보는 것이 좋을 것이다.

"둘 다 차분하고 침착해야 된다. 피터 칼 꺼내라. 말 들어. 무조건 내가 시키는 대로 해. 줄을 끊어라."

위의 대사에서 아버지로서 자신의 목숨을 버리고 사랑하는 아들과 딸을 살려 내려는 그의 마음을 알 수 있다. '아! 아버지가 우리를 살리려고 목숨을 버리려 하는 구나'라는 생각이 듦과 동시에 한 평생 우리들을 위해 헌신해왔던 다정한 아버지에 대한 모든 기억이 생생히 떠오를 수밖에 없는 순간이다. 최고의 신뢰가 바로 '헌신적인 사랑'임을 여실히 보여주는 장면이다.

협상은 영화처럼 영화는 협상처럼

면죄부를 던져 심리적 저항을 잠재워라 : Relief from risk to blame

인간의 뇌는 크게 좌뇌와 우뇌로 나누어져 있으며, 좌뇌는 흔히 지적(Intelligence) 부분을 관장하고, 우뇌는 감성적(Emotion) 부분을 관장한다고 한다. 즉 일단의 정보나 데이터가 들어오면 좌뇌가 계산하고 분석하여 최종평가를 내린다고 한다. 그러나 그러한 분석과 평가를 바탕으로 어떤 결정을 내릴 것인가 말 것인가라는 어떤 조치에 대한 실제 실행 여부는 감정을 관장하는 우뇌에서 내려진다고 한다. 한마디로 인간은 감정의 동물인 것이다. 결국 아무리 논리적으로 완벽하다 하더라도 기분이 내키지 않으면 '싫어!'라고 하는 것이 사람이라는 이야기이다. 더욱이 상대의 제안이나 접근 태도가 자신이 애써 지켜 온 명성이나 평판에 심각한 손상을 입힐 수 있다든지, 더 나아가서 본인의 가치관이나 도덕적 기준에 위배된다고 판단하는 경우에는 심리적 저항은 극도로 거세진다. 이러한 심리적 저항을 제대로 간파하지 못하고 물질적 보상이나 논리적 당위성만을 무턱대고 들이밀다가는 협상이 난항을 겪을 수 있을 뿐 아니라, 상대의 자존감까지 손상시켜 심리적 반발을 초래할 때에는 파국으로 치닫는 경우가 흔하다.

특히 우리나라나 중국, 남미, 그리고 최근 급성장 가도를 달리고 있는 아랍 국가들처럼 자신이 속한 사회 내에서의 자존심이나 체면을 극도로 중요시하는 지역에서의 비즈니스에서는 이러한 상황이 종종 빚어진다.

그렇다면 이러한 막판 심리적 저항은 어떻게 해결할 수 있을까? 어떻게 하면 상대로 하여금 일부 비난이나 체면 손상을 감수하고서라도 당신의 제안을 받아들이게 할 수 있을 것인가?

"어서 잘라. 아빠는 괜찮아, 그냥 잘라. 시간이 없어. 아무도 너를 비난하지 않아. 걱정하지 말고 그냥 자르면 돼. 이러다간 애니도 죽고 너도 죽어. 그냥 잘라, 피터!"

영화에서 피터에게 한 아버지의 위의 대사처럼 바로 면죄부를 던져 주는 것이다. 아니 도리어 상대를 추켜세워 주어라. '당신이기 때문에 여기까지 온 것이다.' '오히려 당신의 용단에 다들 감사해야 할 것이다.' '아무나 할 수 있는 일이 아니다.' '당신이기 때문에 우리가 이 정도에서 타협해 주는 것이다.' '당신을 욕할 사람은 아무도 없다. 감히 누가 당신을 비난할 수 있겠나?' '걱정하지 마라. 비난은 우리가 감수하겠다. 여기까지만 해주면 된다. 뒷일은 우리가 알아서 할 테니 걱정하지 마라.' 등등 한 마디 한마디가 상대의 고민과 갈등을 잠재우는 면죄부이다.

뻔한 협상전략은
안 먹힌다

🎬 제목 : 미션 임파서블 3

🎬 원제 : Mission Impassible III

🎬 제작년도 : 2006년

🎬 감독 : J. J. 에이브람스

🎬 배우 : 톰 크루즈, 빌리 크루덥, 필립 세이무어 호프만, 빙 라메스, 미셸 모나한,
　　　조나단 리스 마이어스

제작비만 2천억 원에 달하는 초대형 액션 블록버스터! 할리우드 최고의 간판배우 톰 크루즈와 최고의 제작진이 만들어 낸 극한의 상황, 멋진 액션, 놀라운 스턴트 연기. 그리고 로마, 뉴욕, 파리, 상하이를 잇는 세계적인 로케이션을 통한 볼거리가 쏠쏠한 영화가 바로 〈미션 임파서블〉이다.

임파서블 미션 포스(Impossible Mission Force: IMF)의 최정예 비밀 요원인 이단 헌트(톰 크루즈)는 현장투입 업무에서 물러나 요원 훈련에 전념하는 한편, 사랑하는 여인 줄리아(미셸 모나한)와 결혼한다.

한편, 세계적으로 악명 높은 무기 암거래상인 오웬 데비언(필립 세이모어 호프먼)을 바티칸에서 어렵사리 체포해 IMF 본부로 오던 중, 헬기와 전투기까지 동원한 악당들의 공격으로 오웬은 유유히 사라지고 만다.

협상은 영화처럼 영화는 협상처럼

제대로 기만하고 싶다면, 우선 공을 들여 상대의 환심을 사라

: Build credibility first, deception is second

탈출 직후, 잔혹한 오웬은 IMF에 빼앗긴 비밀 무기를 되찾기 위해 이단의 아내인 줄리아를 납치하고, 48시간 안에 무기를 가져오지 않으면 그의 눈앞에서 줄리아를 처참하게 살해하겠다고 위협한다.

줄리아를 찾아 떠나려는 순간, 이단은 IMF 본부의 브래슬 국장(로렌스 피시번)의 오해 속에서 체포되어 구금되고 만다. 그러나 작전 팀장인 존 머스그레이브(빌리 크루덥)는 이단에게 줄리아가 잡혀 있는 중국 상하이의 주소를 알려주고 탈출을 도와준다. 마침내 상하이에 도착한 이단. 이곳에는 벌써 이단을 도와주도록 존이 비밀리에 파견한 역전의 베테랑 동료들이 기다리고 있는 것이 아닌가? 존의 호의에 내심 고마워하는 이단. 그러나 존이야말로 오웬과 비밀리에 손잡은 조직의 배신자이자 이 모든 사건의 배후자였다. 이런 사실을 알 리 없는 이단은 존을 은인이라고 철석같이 믿으며 그의 지시에 따라 목숨을 건 작전을 수행해 간다.

몇 해 전, 전문 화투 도박꾼을 지칭하는 속어인 타짜를 제목으로 단 영화가 극장가에서 흥행몰이를 한 적이 있다. 멀쩡히 두 눈 부릅뜨고 있는 상대를, 그것도 나름 도박에 일견 조예가 있다는 도박꾼들이 패 한 번 제대로 잡아 보지도 못한 채 속수무책으로 판돈을 다 날리도록 만드는 그 신기에 가까운 손기술을 보며 그저 감탄사만 연발할 뿐이었다.

그러나 아무리 손재주가 좋은 타짜라도 상대가 없으면 무용지물이다. 타짜 못지않게 중요한 사람이 바로 타짜의 제물, 즉 거액의 판돈을 싸 짊어지고 화투판에 마주 앉아 돈을 잃어줄 호구를 물어 오는 설계사가 없다면 아무런 소용이 없다. 설계사가 돈이 많은 호구들을 얼마나 많이 물어 오느냐가 관건인 것이다.

〈타짜〉라는 영화가 워낙 흥행에 성공한데다, 최근 들어 카지노다 경마다 하여 각종 도박산업에 의한 폐해가 급증하는 시류와 맞물려 모 방송사에서는 아예 전직 타짜를 취재하여 방송한 적이 있었는데 필자도 우연히 본 적이 있다. 그때 전직 타짜가 들려주는 설계사의 영업방식에 내심 놀라움을 금치 못했다.

이야기인즉, 수십억 원씩 갖다 바칠 호구를 데려오기 위해서는 몇 달은 기본이고 경우에 따라서는 3~5년 정도 세심한 공을 들인다는 것이다. 확실하게 상대로부터 호감과 신뢰를 다져놓지 않고서는 아예 상대에게 화투판 이야기는 꺼내지도 않고, 도박판에 끌어들이지도 않는다는 그 치밀한 프로정신에 혀를 내둘렀다.

국제협상에서도 그러한 설계사들이 존재한다. 외교협상에서는 평소 우리측 정부의 고위관료나 학계 저명인사들과의 개인적 친분을 앞세워 소위 친한파를 자처하는 일부 불순한 외국의 정계·재계·학계의 유력인사들을 들 수 있다. 평소 우리측 주요 인사들에게 사적인 호의와 선심을 베풀어 환심을 사고, 더 나아가 막역지우를 형성하고 점진적이고 체계적으로 한국 내 지도급 인사들과의 교류를 확대하여 유사시에 대비한다. 특히 민감한 외교분쟁 등이 발생했을 때 그간에 치성을 들여 온 우리측 주요 인사들에게 접근하여 자신들에게는 유리하고 우리에게는 해가 되는, 소위 원만한 해결을 우리 정부에게 직간접적으로 종용하고 회유하도록 막후교섭, 즉 백채널(Back channel)을 전방위로 가동하여 자국의 입장을 보호하고 국익을 옹호하는 또 다른 로비스트의 역할을 수행한다.

특히, 일본과 미국 등은 정부가 공식적으로 전면에 나섰을 경우 자칫 야기될 수 있는 반일 혹은 반미 감정으로 인해 문제가 더욱더 꼬일 것을 염려하여 겉으로 보기에는 우리 정부 스스로가 입장 변화를 모색한 것처럼 보이도록 실체를 드러내지 않는 작업을 수행하는 것이다. 다른 말로 하면 굳이 자기 손에 피를 묻히지 않고도 원하는 결과를 얻을 수 있는 막후교섭의 효용과 이점을 발휘할 수 있도록 평소에도 정계·재계·학계를 망라한 전방위 백채널 구축에 힘쓰고 있는 것으로 보인다.

일부 주요 선진국에서 한국으로 파견하는 자국 외교관이나 기업체 임직원들을 훈련하는 과정에서 반드시 기억하고 있다가 잘 써먹으라고 가르치는 필수 내용이 한 가지 있다.

바로 '정부 기관이든 기업이든 해당 조직 내 한국의 핵심 인물과 어떻게든 끈끈한 개인적 친밀관계를 수립하라. 한국 사람은 공사가 불분명하기 때문에 그 같은 사적인 관계를 필요할 때 적절히 이용한다면 비즈니스든 외교든 의외의 큰 도움을 얻어낼 수 있다'는 것이다.

결초보은(結草報恩)이라 했던가? 신세를 지면 꼭 갚으려 하는 한국인의 순박한 마음을 역으로 이용하는, 어찌 보면 그들로서는 비용 대비 효과가 아주 탁월한 협상전술이다.

역지사지(易地思之)! 상대를 내 뜻대로 움직이고 싶은가? 상대에게 제대로 된 기만술을 구사하고 싶다면, 상대의 호감과 신뢰, 즉 마음을 빼앗을 수 있도록 공부터 들여야 하지 않을까?

———

상대의 허를 찔러라 : Unexpected, Unforeseen, Unthinkable

오웬이 정한 48시간을 고작 2시간 남겨 놓은 채, 상하이 모처에서 침투작전을 협의하는 이단과 동료들. 그러나 물샐 틈 없는 철저한 경비와 보안 시스템으로 인해 이제까지의 방법으로는 침투도 탈출도 불가능한 상황이었다.

이때, 저 멀리 창 밖으로 비친 3개의 마천루를 지켜보던 이단. 결국 수백 미터 높이의 옆 건물 옥상에서 50미터나 떨어진 목표 건물 옥상으로 타잔처럼 외줄에 의지한 채 몸을 날리기로 결정한다. 자칫하다가는 추락사할 수도 있는 무모하기 그지없는 그의 선택이었다.

전 작품인 〈미션 임파서블 2〉를 보면 다음과 대사가 나온다. "헌트는 42층의 키메라 생산실을 타깃으로 할 거야. 그동안 헌트의 전적을 살펴보면, 병적으로 사람들과 마주치는 걸 피하지. 경비가 삼엄한 입구를 뚫고 잠입하진 않을 거야."

아니나 다를까 전편처럼 이 영화에서도 이단 헌트와 그의 팀은 상대가 분석한 그대로 상황을 분석하고 예측한 그대로 침입이 불가능할 것으로 보이는 옥상으로의 침투를 계획한다.

이단 지상작전은 피한다. 아트리움(옥상)을 띄워봐.

멤버 건물 중앙에 위치해서 실험실의 천장까지 연결돼 있지. 문은 일
몰 때 닫히는데 40초 이상 문이 열려 있으면 나도 막을 수 없는
비상경보가 울리게 돼. 40초 만에 잠입해 케이블을 올려 보내는
건 불가능해.

장면은 다시 이단 헌트를 속속들이 꿰고 있는 악당이 마치 이단
헌트의 작전 회의장면을 눈앞에서 보고 듣고 있는 것처럼 한 치의
오차도 없이, "아니 헌트는 보안이 약한 공중에서 잠입해 올 거야.
경비를 피하기 위해 병적으로 공중곡예에 집착하니까"라며 이단 헌
트의 속내를 훤 꿰뚫고 있음을 보여준다.

그리고 이단 헌트는 한 치 한 순간의 실수에도 목숨을 앗아갈 수
있는 위험천만한 곡예 같은 침투를 감행한다. 물샐 틈 없이 철통같
은 보안을 유지하고 있는 인텔리전트 빌딩에 잠입하기 위해 이단
헌트는 자신의 몸통을 단번에 두 동강낼 수도 있는 아트리움의 날
카로운 강철 덮개가 잠깐 열리는 몇 초 동안을 이용하여 헬리콥터
에서 과감하게 고공 낙하를 시도하여 아슬아슬하게 통과한 후 건물
로 잠입한다.

그러나 목숨을 건 이단 헌트의 이 갸륵한 노력에도 불구하고 그
의 작전을 정확히 예측한 테러범들은 이미 목표지점에 미리 잠복하
여 그를 기다리고 있는 것이 아닌가. 이미 잠입경로에 무장 병력을
배치시키고 기다리고 있던 악당들의 뜻밖의 강력한 저항에 IMF 최
정예 요원 이단 헌트는 망연자실, 당혹감을 감추지 못한다.

　신출귀몰하고 대담하기 짝이 없는 IMF 최고의 정예요원인 이단 헌트를 X-레이로 투사하듯 정확히 꿰뚫고, 그 허를 찌르는 악당의 깨끗한 한판승이다. 자신의 허점을 정확히 간파한 악당과의 험난한 여정이 펼쳐질 것이 예상되는 위기의 이단 헌트.

　상대가 가진 것이 많으면 많을수록, 상대의 파워가 크면 클수록, 상대의 명성이 높으면 높을수록, 상대의 방어벽이 두터우면 두터울수록 당신이 협상에서 이길 확률은 줄어든다.

　아니, 상대의 압도적인 기세에 눌려 협상은 커녕 상대의 선처만을 애걸하며, 아예 처음부터 숙이고 들어가는 것이 상책이라고 지레 협상을 포기하고 마는 경우도 다반사이다. 약소국과 강대국 간의 외교협상에서, 그리고 중소기업과 대기업 간의 비즈니스 협상에서 이러한 상황은 빈번하고 암묵적으로 발생한다.

그만큼 벅찬 상대와의 협상은 결코 녹록하지 않으며, 차라리 피할 수 있다면 피하고 싶어 하는 인간의 위험회피 본성은 어쩔 수 없는 것이다.

이러한 양자간의 확연한 힘의 불균형, 일정기간 이상 지속된 불평등하고 불공정한 협상관행은 시간이 흐르면 흐를수록 사실화되고 고착화되어 종국에는 약소국이나 중소기업의 협상 의지 자체마저 고사시키고 만다. 반대로 강대국과 대기업은 차츰 이러한 관행에 젖게 되고, 점차 상대에 대한 지나친 자신감과 무사 안일함에 빠지는 우를 범하게 된다.

약자는 강자의 허점인 방심을 결코 놓쳐서는 안 된다. 상대의 허를 찌르는 뜻밖의 시간에, 전혀 예기치 못한 장소에서 상상조차 하지 못한 전술로 상대를 유린하라.

그러기 위해서는 첫 번째로 상황과 상대를 꼼꼼히 분석하라. 두 번째로 상대의 대응을 다각적으로 예측하라. 세 번째로 치밀한 협상 시나리오를 준비하라. 마지막으로 확실하게 시행하라.

개인적 정리에 매여 공무를 그르치지 않도록 하라. 구태의연하고 뻔한 협상전략은 아예 잊어버려라. 매 상황과 상대에 따른 최적의 창의적인 협상전략을 수립하고 이를 시행할 수 있는 사람만이 진정한 협상가라고 할 수 있다.

앞뒤가 맞지 않는 얘기를 흔히 모순(矛盾)이라고 한다. 어떤 갑옷과 방패도 뚫을 수 있는 창과 세상 그 무엇도 뚫을 수 없다는 방패는 병존(竝存)할 수 없다는 논리적 결함을 이른 유명한 말이다. 그러나 진정한 협상가라면 이 모순이라는 말을 다른 시각으로 바라볼 필요가 있지 않을까?

상대의 그 어떤 방어 논리와 협상전략도 한 번에 제압할 수 있는 필승의 공격적인 협상 역량, 그리고 상대의 그 어떠한 설득 논리와 갖가지 압박도 지혜롭고 효과적으로 막아 내는 난공불락의 방어적 협상 역량을 모두 갖추기 위해 오늘도 최고의 협상가는 모순을 꿈꾼다.

13

쾌락을 선사하여
민중의 이성을 잠재워라

🎬 **제목** : 글래디에이터

🎬 **원제** : Gladiator

🎬 **제작년도** : 2000년

🎬 **감독** : 리들리 스콧

🎬 **배우** : 러셀 크로우, 코니 닐슨, 호아킨 피닉스, 올리버 리드, 데렉 자코비, 리처드 해리스

이른바 로마의 5현제 시대의 마지막을 장식하는 마르쿠스 아우렐리우스 황제의 통치기가 저물어가던 서기 180년. 당시 전 세계 인구의 4분의 1이 로마 황제의 통치하에 있었을 만큼 광대한 영토를 자랑하는 로마 제국의 번영은 절정기를 구가하고 있었다. 그러나 이 모든 제국의 영화는 다름 아닌 식민지 정벌을 위한 끝없는 전쟁으로 이루어진 것이었다.

솔선수범으로 조직의 충성심을 이끌어 내라

: Be a model, abandon privileges⋯⋯ Devotion and loyalty are yours

12년에 걸친 로마의 게르마니아 정복 전쟁도 이제 막바지로 치닫고 있었다. 지중해의 따뜻한 햇살에 익숙한 로마 병사들은 살을 에는 혹독한 북유럽의 추위와 부족한 식량, 그리고 연일 계속되는 치열한 전투로 심신이 지칠 대로 지쳐버린 상태이다. 이렇게 바바리안과의 마지막 일전을 앞둔 로마군 진영의 사기는 한눈에 봐도 말이 아니었다.

바로 이때, 덥수룩한 수염에 늑대 가죽을 갑옷 위에 두른 채 병사들에게 다가 오는 한 사람. 그를 보자 병사들의 얼굴이 밝아지고 그가 건네는 한마디 격려의 말에 사기가 오르기 시작한다. 바로 로마의 북부군 사령관 막시무스 장군(러셀 크로우)이다. 대장군이면서도 언제나 선봉에 서서 자신의 몸을 돌보지 않고 적진을 휘젓는 맹장이자 함께 싸우는 병사들을 자식처럼 아끼는 덕장이다. 이런 그를 향한 부하들의 존경과 충성심은 지옥에라도 서슴없이 뛰어들 태세이다.

막시무스 장군은 잠시 후면 벌어질 최후의 일전을 앞두고 말고삐를 잡은 채 병사들에게 우렁찬 목소리로 마지막 훈시를 한다.

막시무스 절대 밀리지 마라. 나를 따르라. 느닷없이 따사로운 햇살이 쏟아지고 혼자서 푸른 초원 위에서 말을 달리고 있는 자신을 발견하더라도 너무 당황해 하지 마라. 왜냐하면, 그곳은 바로 천국이며, 제군은 이미 죽은 것이니 말이다.

듣고 있던 병사들의 입에서 터져 나오는 웃음소리 속에 생사고락을 같이 해 온 총사령관 막시무스를 향한 병사들의 절대적 신뢰와 충성심이 고스란히 배어 있다.

초등학교도 제대로 다니지 못했고 평생 자신의 외모에 대한 콤플렉스를 떨쳐 내지 못했으나 정적마저도 그 인품에 매료되었던 사람. 바로 미국의 16대 대통령인 에이브러햄 링컨이다. "대중의 정서가 관건이다. 대중의 마음이 나한테 있다면 어떤 일이든 해낼 수 있지만, 대중들의 마음에서 떠나버린 사람은 아무리 애를 써도 아무것도 할 수 없다." 링컨의 이 말은 21세기인 오늘날에도 그 울림이 명징하다.

나폴레옹도 마찬가지이다. 코르시카 섬 출신에다 작은 키, 프랑스 명문 귀족의 자제들에 비해 하나도 내세울 것이 없었던 그가 황제가 될 수 있었던 것은 다름 아닌 휘하 병사들보다 먼저 적진으로 돌격해 들어가는 솔선수범, 장교임에도 불구하고 스스로 일반 병사들과 똑같이 거친 음식과 불편한 잠자리를 함께 했던 겸허함이었다. 영화 속의 막시무스처럼 말이다. 최근의 연구에 따르면 이러한 그의 태도가 상당히 전략적이었음을 반증하는 일기가 공개되었다. '사람을 조종하는 데 있어 가장 영리한 방법은 다름 아닌 상대의 감정을 제어하는 것이다.'

한 사람의 마음을 사로잡는 것도 어려운 일인데 하물며 조직 내 수많은 사람들의 마음을 사로잡고 내가 원하는 방향으로 이끄는 것은 결코 쉬운 일이 아니다. 한 번의 멋진 연설이나 한 턱 크게 쏘면 된다고 생각한다면 오산이다. 그렇다면 어떻게 사람들의 마음을 사로잡을 수 있을까? 의외로 그 답은 우리 자신에게 있다.

스스로의 특권의식과 권위주의를 벗어 던져버려라. 스스로를 낮추고 아랫사람에게 먼저 다가가라. 자신보다 상대를 먼저 배려하라. 궂은일 일수록 남보다 먼저 기쁘게 행하라. 이 모든 것을 진심으로 행하라. 이렇게 한 후에야 비로소 사람들은 당신에게 신뢰와 헌신, 그리고 충성을 선사할 것이다. 당신을 신뢰하고 따르는 사람들을 설득하는 것은 그다지 어려운 일이 아님을 당신은 이미 알고 있다.

––––––

쾌락을 선사하여 민중의 이성을 잠재워라
: Give pleasures, reason will fade away

마침내 총사령관인 막시무스와 심기일전한 로마군은 사력을 다한 전투 끝에 12년의 게르마니아 원정을 대승으로 마감한다.

　오랜 세월 수많은 전장에서 막시무스를 지켜보며, 그의 순순한 군인정신과 로마의 타락한 정치에 물들지 않은 진정한 지도자로서의 자질을 간파하고 있던 마르쿠스 아우렐리우스 황제는 자신의 임박한 죽음을 예견하고는 타락한 황태자 코모두스가 아닌 그에게 로마를 통치해 줄 것을 제의한다. 황제에게 막시무스는 아들과 다름없었고, 막시무스에게는 황제가 아닌 아버지처럼 애틋한 정이 싹트고 있었던 것이다.

　그날 밤, 자신이 아닌 막시무스에게 권력을 넘기겠다는 사실을 아버지 아우렐리우스 황제에게 직접 듣고 격분한 코모두스는 아버지를 살해하고 스스로 황제의 자리에 오른다. 동시에 막시무스를 처형할 것을 명령하고 그의 고향인 스페인에 있는 처자식도 무참히 살해해 버린다.

　이후 황제가 되어 로마로 돌아온 코모두스는 그라쿠스를 비롯한 원로원 내의 반대세력을 무력화시키고 이반한 민심을 돌리기 위해

161

150일간이라는 사상 최대의 검투시합을 콜로세움에서 개최하게 된
다. 그러나 이 시합에 막시무스가 최고의 검투사로 살아 돌아올 줄
을, 그리고 콜로세움에서 막시무스에게 최후를 맞을 줄은 꿈에서도
생각하지 못하고 있다.

> 그라쿠스 코모두스가 생각보다 영리하군. 내 생각에 그는 로마가 무엇
> 인지를 제대로 알고 있는 것 같아. 포악하고 무지한 군중, 바
> 로 그것이 로마란 것을 말이야. 이런 류의 군중은 재미난 마
> 술을 보여주면 정신을 못 차리고 걸려들지. 숭고한 자유가
> 찬탈 당하는 것도 모르고 군중은 여전히 환호성을 지르며 즐

거워하지. 로마를 움직이는 것은 원로원이 아니라 바로 저
콜로세움이야. 코모두스는 로마에 검투사들의 죽음을 갖다
바칠 것이고, 로마는 이런 코모두스를 사랑하게 되겠지.

비즈니스에서 선심성 접대가 당연시 되는 경향이 있다. 거래 규
모가 크면 클수록, 이권이 크면 클수록, 상대의 영향력이 크면 클수
록 접대의 수준이나 비용도 점차 막대해 진다. 협상에서는 이를 흔
히 알파(α)라고 부른다. 일정 비용을 상대에게 추가로 투입하여, 투
입한 알파 이상의 보답을 상대로부터 이끌어 내는 것을 말한다.

개인과 개인 혹은 기업과 기업 간의 거래에서 나타나는 선심성
접대나 향응의 문제점도 심각하기 이를 데 없지만, 이러한 선심성
혹은 환심성 전략이 정치세계에서 야기하는 문제는 훨씬 더 심각
하다.

자신의 무능을 감추고 비판을 잠재우기 위해 함량 미달의 정치
가나 정권이 가장 애호하는 대국민 통치 전술의 대표적인 예가 바
로 대규모 스포츠행사, 도박산업, 그리고 사회의 도덕 기강을 해이
하게 하는 각종 규제완화 정책이다. 확고한 비전이나 철저한 계획
없이 대중의 인기에 영합하고 편승하는 것이다. 다른 말로 포퓰리
즘이라고 한다.

피지배층의 지적개화(知的開化)를 방해함으로써 지배자에 대한
비판력을 빼앗아 수동적 존재로 만들어 지배체제의 안정화를 도
모하는 문맹정책(文盲政策) 혹은 우민정책(愚民政策)의 또 다른 이름
이다.

역사적으로 살펴보면 본 영화의 배경이 된 로마시대의 빵과 서커스 정책, 독일의 철권통치기인 비스마르크 시대의 엿과 채찍 정책, 그리고 현대에서는 우리나라의 5공화국 역시 적극적으로 추진했던 3S(screen, sports, sex) 정책으로 대표되는 포퓰리즘 정책을 일컫는다.

이러한 포퓰리즘은 해당 국가나 사회의 기득권층의 암묵적 권력 확대 및 부의 합법적 축적을 함께 도모하는 경향이 있어, 통치 권력을 구심점으로 측근 세력 간의 이해타산이 맞아떨어지는 배타적 야합은 정책의 기획 및 실행단계에서 불가피하다.

결국 이러한 우민정책의 종착점은 인권유린 및 민주주의 사회의 붕괴라는 정치사회적 폐해뿐 아니라, 각종 부정부패의 만연으로 사법정의, 조세정의, 공권력 중립의 심각한 붕괴로 이어져 국가의 근간까지 뒤흔들 소지가 있다는 데 그 위험성이 있다.

영화의 배경이 되었던 로마제국 역시 여러 가지 몰락 원인 가운데 콜로세움으로 대변되는 포퓰리즘, 즉 우민정책이 끼친 악영향이 지대함을 알 수 있다. 결국 시민 스스로가 어리석은 백성(愚民)이 아닌 우수한 백성(優民)임을 표현하지 않는 한 통치자의 우민정책 사랑을 멈출 수는 없다.

이 영화를 통해서 그 옛날 로마 시대에 사회와 국가를 이끌어 가는 지도자들이 어떠한 민심 수습전략을 선택할 수 있었는지, 또한 각 전략이 가져오는 결과는 어떻게 다를 수 있는지를 볼 수 있었다. 이는 오늘날 우리 현대 사회에도 시사하는 바가 적지 않다고 생각한다.

14

우연은 어느덧 거부할 수 없는
운명으로 다가오고

🎬 **제목** : 인생은 아름다워

🎬 **원제** : Life is beautiful(La Vita e Bella)

🎬 **제작년도** : 1997년

🎬 **감독** : 로베르토 베니니

🎬 **배우** : 로베르토 베니니, 니콜레타 브라시, 조르지오 칸타리니, 호르스트 부흐홀츠

이탈리아의 국민 배우이자 코미디 배우인 로베르토 베니니가 각본, 감독, 주연 등 1인 3역을 맡았고, 그의 실제 아내인 브라스치가 극중에서도 아내로 나와 1999년도 아카데미 3개 부문과 각종 영화제를 휩쓸었던 감동의 대작인 〈인생은 아름다워〉. 극중 다급한 장면에서 귀도를 부를 때, 실명인 로베르토로 부른 장면이 있으나 편집되지 않고 남아 있기도 하니 그 장면을 찾아보는 것도 재미를 더한다.

제2차 세계대전 중 유대인이라는 이유로 죽음의 수용소에 갇히지만 어린 아들 조슈아에게 이 모든 것이 게임이며, 1000점을 먼저 얻으면 진짜 탱크를 받게 된다는 거짓말로 참혹한 현실을 가리려는 아버지 귀도(로베르토 베니니)의 연기가 보는 이의 눈물샘을 자극한다. 그러나 이 모든 비극을 섬세하고 유쾌한 코미디로 표현한 베니니의 천재성이 유감없이 드러난 역작이자 수작이다.

우연을 연출하라. 거부할 수 없는 운명으로 비칠 것이다

이탈리아의 토스카니니로 가는 길가 시골의 한 농장. 귀도는 고장 난 차를 수리하다 잠시 인근 농장을 둘러본다. 바로 그때, 헛간 2층에서 비명을 지르며 떨어지는 아름다운 숙녀를 엉겁결에 받아 안고서는 짚단 위로 쓰러진다. 숙녀의 이름은 바로 도라(니콜레타 브라스치). 헛간 안 벌집을 태우려다 벌에 쏘여 도망치다 떨어진 그녀를 구해 준 것이다. 귀도와 도라의 첫 번째 우연한 만남.

그리고 다음날 토스카니니 시내. 자전거를 너무 급히 몰고 가던 귀도는 초등학생들을 인솔하고 지나가던 한 여선생과 부딪히며 엉겁결에 길옆으로 그녀를 안고 쓰러진다. 그런데 이게 웬일인가? 그녀는 바로 도라였다. 뜻밖의 재회에 넉살 좋게 인사를 건네는 귀도. 귀도와 도라의 두 번째 우연한 만남. 그리고 이어지는 우연한 만남들. "또 갑자기 만나게 되길 빌어요"라는 영화 속 도라의 말이 귀도를 설레게 한다.

이렇게 두 사람은 운명처럼 만났다. 그 순간, 그들은 서로가 자신의 운명이라는 것을 깨달았다. 한 마디로 그것은 운명이었다. 영화 속 대사만은 아니다. 지금 당신 곁의 그 사람이 과거 그 언제인가 불현듯 운명처럼 당신을 찾아왔고, 갖은 우여곡절 끝에 당신 인생에 허락된 바로 그 단 한 사람이라는 것을 깨닫는 순간, 당신은 그 사람을 당신의 운명으로 기꺼이 받아들였다.

운명이라는 말처럼 사람의 모든 논리적·이성적 판단능력의 방

우연은 어느덧 거부할 수 없는 운명으로 다가오고

어벽을 완벽하게 허물어 버리는 말은 없다. 왜? 운명이니까! 사람의 힘으로는 도저히 통제가 불가능한 절대적 존재, 곧 신의 섭리라는 것을 아니까 말이다.

우연이라는 이름으로 우리들 앞에 느닷없이 그리고 거듭해서 맞닥뜨리게 되는 사람에 대해 처음에는 왜 이 사람과 자꾸만 얽히는 것인지 의아해 하기 시작한다. 그러나 시간이 흐르고 기분 좋은 경험과 느낌이 한 번, 두 번 거듭되다 보면 왠지 나도 몰래 마음이 끌리고, 그러다가 마음의 조각들을 하나둘씩 빼앗기고…. 어느 날엔가 더 이상의 논리적 판단이 먹히지 않는 내 영혼의 결정, 즉 운명으로 와 닿는 순간이 온다. 그러면 Game Over!

협상은 영화처럼 영화는 협상처럼

상대의 마음을 빼앗고 싶은가? 그 사람을 당신의 사람으로 만들고 싶은가? 그렇다면 이제 모든 것을 우연으로 비치게 하라. 그리고 그 우연 속에서 운명을 예감케 하라.

그렇다고 너무 어렵게만 생각하고 지레 겁먹지 않아도 된다. 그 사람이 당신에게 감춰 둔 호감을 조금이라도 갖고 있다면, 당신의 그토록 미숙하고 서툴기 짝이 없는 우연의 연출조차, 짐짓 모르는 척, 그러면서도 남몰래 은밀한 감미로움을 만끽하며 거부할 수 없는 운명의 확인 과정으로 받아줄는지도 모를 일이니까?

꿈꾸게 하라. 그리고 집착하게 하라

귀도와 도라의 우연한 만남이 계속되던 어느 날, 부유한 약혼자와 오페라 공연을 관람하고 나오는 도라는 갑작스런 소나기에 옷이 젖을까 내켜 하지 않는 약혼자더러 차를 극장 앞으로 몰고 오라고 보낸다. 잠시 후, 그녀 앞에 멈춰서는 약혼자의 차에 투덜거리며 올라타는 도라. 그러나 운전대를 잡고 있는 사람은 다름 아닌 귀도였다. 깜짝 놀라는 도라. 귀도가 약혼자의 차와 똑같은 친구 차를 빌려 온 것이다. 차에서 내리려는 도라에게 구두가 젖어서는 안 된다며 쏟아지는 빗줄기와 더러운 물웅덩이도 아랑곳하지 않고 차에 실려 있던 남의 값비싼 붉은 비단을 도라 앞에 끝도 없이 펼쳐 주는 귀도. 영화 속 장면이지만 탄성이 절로 나온다. 이 세상 어떤 남자가 이와 같이 해 줄 수 있을까?

당황스럽기도 하지만 왠지 싫지만은 않은 귀도와의 거듭되는 뜻밖의 만남, 그리고 유쾌한 대화. 가진 것도 없고 볼품도 없지만, 도라의 마음은 조금씩 귀도에게 열리고 있었다.

결혼이란 무엇일까? 잘난 배우자를 만나 아이를 낳고 잘 먹고 잘 사는 것일까? 아니면 돈은 없어도 조금 부족해도 사랑하는 사람과 알콩달콩 재미나게 사는 것일까?

내가 왜 이런 생각을 하는 것일까? 귀도. 그 사람만 보면, 아니 생각만 해도 아무 이유 없이 웃고 있는 자신을 발견하고는 깜짝 놀라는 도라. '귀도, 저 사람이 바로 그 사람일까?' 도라의 마음이 어지럽다.

사랑은 단 한 사람의 상대를 찾는 지상 최대의 과제이다. 언뜻 보면 외모, 학력, 경제력 등 외형적 조건이 맞는 배우자를 찾는 것처럼 보일 수도 있다.

그러나 여자의 마음 가장 깊은 곳에서 진정 갈구하는 상대는 아마도 꾸미지 않은 자신을 이 세상 그 누구보다도 이해해 주고, 사랑해 주고, 감싸주며, 그 무엇보다도 소중하게 그리고 변함없이 아껴주는 바로 그런 사람이 아닐까? 그런 사람과 함께 하고 싶은 꿈.

바로 그 한 사람과 함께 한 올 한 올 엮어갈 아름다운 인생을 꿈꾸게 하라. 당신과 함께 하기에 가능한 행복, 기쁨, 즐거움을 꿈꾸게 하라. 더 나아가 그 꿈을 결코 놓치고 싶지 않은 집착으로 이끌어라.

그리고 그 꿈을 이루기 위해서 결코 빠뜨릴 수 없는 사람. 바로 그 유일한 단 한 사람이 당신임을 각인시켜 당신에 대한 집착을 심어줘라. 이제 그녀는 당신의 사람이다.

탁월한 자질로 호감을 이끌어 내라

삼촌의 주선으로 호텔 웨이터로 일하게 된 귀도는 호텔에 장기 투숙중인 독일인 박사가 조금 전 식사 주문을 하면서 던진 어려운 수수께끼에 대한 답과 주문한 식사를 받들고 박사의 식탁으로 다가가 멈춰 선다.

> 레싱 박사 (믿기지 않는 듯) 설마 벌써?
> 귀도 어둠이요.
> 레싱 박사 자넨 천재야!
> 귀도 많을수록 보이지 않는 것. 답은 어둠이에요. 훌륭한 수수께끼였
> 습니다. 박사님께서 직접 만드셨어요?
> 레싱 박사 아니, 난 8일 걸려 풀었는데 자넨 5분 만에 풀었어.

의사이면서 유난히 까다로운 수수께끼 겨루기를 좋아하는 레싱 박사는 귀도의 뛰어난 재치에 감탄하며, 격의 없는 각별한 우정을 쌓아간다. 그러나 재미 삼아 나누었던 이 수수께끼 게임을 통한 우정이 얼마 후 유태인인 귀도 가족이 잡혀간 아우슈비츠에서 레싱 박사의 배려로 귀도가 힘겨운 철공소 노동에서 벗어나 수용소 내 독일인 식당의 웨이터로 특별히 배치되게 해 주는 계기가 될 줄은

두 사람 모두 전혀 예상치 못하고 있다.

　귀족과 평민, 부자와 가난한 사람의 신분 구분이 엄연했던 이탈리아에서 떠돌이 출신의 웨이터인 귀도에게 갖게 된 레씽 박사의 호감은 그리 흔치 않은 일이다. 그러나 두뇌게임을 즐기며 어지간한 사람은 상대도 되지 않는 레씽 박사의 입을 떡 벌어지게 만드는 귀도의 놀라운 두뇌와 재치는 레씽 박사로서는 좀처럼 만나기도 어렵고, 그래서 놓치기 아까운 자질인 것이다. 우리는 이런 두 사람의 관계를 '호적수'라고 부른다. 가끔 경쟁은 하지만 서로에게 깊은 호감을 갖고 협력관계를 맺는 사이이다.

　중국 춘추전국시대에 거문고의 달인이었던 백아가 말하지 않아도 자신이 연주하는 것이 무엇을 의미하는지를 한 치의 오차도 없이 알아맞히는 종자기가 죽자 스스로 거문고 줄을 끊고 다시는 연주하지 않았다는 백아절현(伯牙絶絃)이라는 고사도 같은 맥락이다.

　비즈니스에서는 같은 업종의 전문직 종사자로서 당신이 가진 전문적 지식, 학위, 실적 등으로 대변되는 전문가적 역량이 상대에 필적하거나 능가하는 경우, 혹은 이 영화에서처럼 특정한 취미나 관심 분야에 깊은 조예를 가진 상대를 만날 경우에는 의외로 이야기가 술술 풀리는 경우가 종종 있다. 게다가 당신이 온화한 성품, 겸손, 유머 감각까지 겸비하고 있다면 상대는 당신의 매력에 푹 빠져 비즈니스는 덩달아 술술 풀리기도 한다.

　1980년대에 소니의 3대 회장이었던 오가가 소니 픽쳐스의 사장으로 자신이 직접 채용했던 미키 슐호프를 '내 동생'이라고 부를 만큼 편애했던 이야기는 유명하다. 인종과 국적은 달랐으나, 빠른 두뇌회전, 해박한 지식과 교양, 베를린 음대 성악과 출신의 오가와 견줄만한 고전 음악에 대한 높은 지식과 안목, 그리고 직접 비행기를 조종하는 것을 취미로 삼고 있던 젊은 슐호프를 통해 오가는 어쩌면 자신을 보는 듯한 착각을 할 정도였다고 한다. 이렇게 오가와 의기투합한 슐호프는 1980년대 후반에서 1990년대 초까지 소니 아메리카의 경영에 절대적인 영향력을 행사했다. 일본 기업의 패쇄적이고 강한 순혈주의 성향을 고려해 본다면, 슐호프는 외국인 경영자로서는 실로 전무후무한 무소불위의 권력을 휘둘렀던 것이다. 결국 슐호프의 전횡과 엄청난 급여 등으로 인한 내부 비판에도 불구하고 오가는 끝까지 슐호프를 감싸고돌았다 한다. "미키가 특별한 것은 타고난 예지와 좋은 가정교육 때문입니다. 거만하기는 하지만 그의 세련됨을 생각하면 그 오만함은 충분히 이해할 수 있습니다." 라고 오가가 어느 책에서 밝힌 것처럼 사람이란 한번 마음을 주면 어지간해서는 애착을 버리기 힘든 듯하다.

그러니 평소 다각적인 매력을 갖출 수 있도록 노력하라. 그리고 당신 앞에 있는 바로 그 사람이 흠모하고 추구하는 매력포인트를 적절히 발산하라. 당신의 매력에 빠진 상대와의 비즈니스는 이제 당신 손 안에 있다.

제갈량의 협상전술 :
상대의 인맥을 파고들어라

🎬 **제목** : 적벽대전 1-거대한 전쟁의 시작

🎬 **원제** : Red Cliff

🎬 **제작년도** : 2008년

🎬 **감독** : 오우삼

🎬 **배우** : 양조위, 금성무, 장풍의, 장첸, 조미, 후준, 린즈링, 우용

중국의 대표적 역사소설인 나관중의 《삼국지연의》를 바탕으로 총 880억 원의 제작비를 투입한 중국영화 사상 최대 규모의 블록버스터인 〈적벽대전〉. 그러나 흔히들 생각하는 것처럼 이 영화의 주인공은 유비, 관우, 장비나 조조가 아니다. 이 영화의 주인공은 손권의 책사인 주유(양조위)와 전무후무 제갈무후(前無後無 諸葛無後)로 불린 제갈량(금성무)이다. 당초 오우삼 감독은 주윤발을 주유로 점찍었지만 그가 출연을 고사하는 바람에 큰 좌절을 겪었으나 양조위가 출연을 자청하고 나서 수습되는 등 갖은 우여곡절 끝에 제작을 마쳤고, 결국 중국 최대 흥행작이라는 기록을 낳았다. 〈적벽대전〉을 통해 절세의 책사인 제갈공명의 협상기술을 엿보기로 하자.

자존심을 건드려라 : Escalate emotion and awaken desire

환관과 외척의 다툼으로 한나라 조정이 혼란한 틈을 타서 조조가 황제를 등에 업고 무소불위의 권력을 휘두른다. 결국 건안 13년(서기 208년)에 조조는 군사를 이끌고 유비와 손권을 치려한다. 막강한

협상은 영화처럼 영화는 협상처럼

조조의 80만 대군에 밀려 쫓겨나다시피 신야성을 빠져 나온 유비. 남은 군사는 고작 1만. 관우, 장비, 조자룡, 그리고 책사 제갈량 등 걸출한 영웅들을 거느리고 있었으나 조조의 대군에 비하면 턱없이 부족한 병력으로 백척간두의 위기 상황에 몰린다.

제갈량은 "저의 세치 혀로 동오를 일깨우고 오겠습니다"라며 오나라의 손권과 동맹을 맺고 오겠다고 한다. 오나라와의 동맹을 통해 천하를 셋으로 나누어 조조는 중원을, 손권은 강동을, 유비는 촉을 장악해야 조조를 막아낼 수 있다는 그 유명한 삼분 전략을 거론하고 서둘러 오나라로 길을 떠난다.

제갈량을 반가이 맞이하는 손권의 노련한 책사 노숙. 그의 안내로 들어서는 손권의 대전에는 수많은 중신들이 조조의 백만대군이 침공한다는 소식에 벌벌 떨며 너나 할 것 없이 전쟁불가를 논하면서 떠들썩하다. 수심에 찬 얼굴을 한 채 소란한 좌중 사이로 들어서는 26세의 젊은 손권. 기다렸다는 듯이 잰 걸음으로 다가가 공손하게 머리를 조아리며 문안 인사를 올리는 제갈량. 하지만 신야성에서 유비가 조조에게 완패한 것을 알고 있는 손권은 제갈량을 냉랭하게 대한다. 이러한 응대에도 불구하고 제갈량의 치밀한 설득이 펼쳐진다.

제갈량 (단호한 어조로) 조조의 목표는 천하통일입니다. 강동의 세력도 막강하니 조조와 맞서시어 싸우시지요.

제갈량의 참전 종용에 중신들의 반대가 거세진다.

제갈량 (비웃듯 웃음을 머금고) 용기가 없으시다면야, 속히 항복하시어 걱정을 없애시지요.

손권 (자존심이 상한 듯) 그럼 왜 유비 공은 투항치 않는 거요?

제갈량 (가르침을 내리는 듯) 공자, 맹자의 가르침을 봐도 항복은 소인배만의 갈 길이지요. 항복은 폭군 조조를 돕는 격! 실패가 하늘이 뜻일지라도 항복의 수치보다 낫지요. (아예 등을 휙 돌리고 뒤로 돌아서며 조롱하듯) 뭐, 항복하시든가요. 가문과 생명은 보전하실 테고, 조조가 원래대로 강동을 맡겨주면 어찌 마다할까요?

손권 (구겨진 자존심에 눈을 부릅뜨며) 그럼 난 유비에 견줄 수 없다?

기다렸다는 듯이 이어지는 손권에 대한 제갈량의 칭송과 조조가 백만대군이라고는 하지만 오합지졸이며 수전에 약하니 승산이 있음을 설파한다. 구구절절 옳은 제갈량의 이야기에 손권의 가슴 속에는 조조를 무찔러 대업을 이루겠다는 야망의 불꽃이 일렁이기 시작한다. 이때를 놓칠세라 손권에게 바짝 다가서며 건네는 제갈량의 마지막 한마디. "드디어 주군의 기량을 만천하에 알릴 때입니다." 손권은 가만히 제갈량의 어깨에 손을 얹어 무언의 동의를 표시한다.

"항복은 소인배만의 갈 길이지요. 항복은 폭군 조조를 돕는 격! 실패가 하늘이 뜻일지라도 항복의 수치보다 낫지요. 뭐, 항복하시든가요." 실로 목숨을 건 제갈량의 일갈이다. 엄연히 강동의 패자인 손권을 이렇게 능멸하는 것은 위신과 체면을 목숨보다 중히 여기는 당시의 상황으로서는 목숨이 몇 개라 하더라도 감히 생각조차 하기 쉽지 않은 말이다.

그러나 조조를 치지 않는 것이야말로 강동의 영웅이라고 자칭하는 손권의 명성에 먹칠을 하는 것은 없으며, 그것이 더 큰 치욕이라고 대놓고 이야기하는 제갈량. 그 말을 들어보니 틀린 이야기도 아닌데다 그 자리에 모인 모든 대소 중신들이 다 들은 마당이니 사실 손권으로서는 제갈량의 제의를 거절하는 것 자체가 자신이 영웅이 아님을 인정하고 자복하는 형색이 되어 버리는 궁지에 몰린 것이다.

중국인들에게 체면이나 위신은 무엇과도 바꿀 수 없는 소중한 것이다. 더욱이 라이벌인 기업이나 특정 인물과 비교해서 자신의 역량이 부족하다거나 위상이 뒤진다는 등 위신이나 체면이 손상당하는 일에 가만히 있을 위인은 없다. 따라서 중국 비즈니스에서 제일 금기할 사항이 상대의 위신과 체면을 깎는 언행이라고 통상 일

제갈량의 협상전술 : 상대의 인맥을 파고들어라

컫는다. 그러나 반대로 주의를 다해 적절하게 간접화법으로 중국인의 자존심을 긁는 것은 요지부동 비협조적으로 일관하는 중국인 비즈니스 파트너를 끌어들이는 데는 효과적인 미끼가 될 수 있다.

그렇게 한 다음에 상대에게 놓칠 수 없는 매력적인 제안을 던진다면 중국인의 반응은 더욱더 긍정적이다. 더 나아가 수치상의 객관적인 이해득실 뿐 아니라 브랜드 개선, 업계 순위 상승, 게다가 개인적 위상 및 세간의 품평까지 호전될 수 있다면 도저히 놓칠 수 없는 매력적인 기회로 인식되는 효과를 볼 수 있다. 따라서 중국과의 비즈니스에서는 금전적 이익뿐 아니라 상대의 사회적 지위와 위상까지 높여 주는 거래로 비칠 수 있도록 제대로 포장하라.

<hr />

상대의 인맥을 살펴라

손권을 설득하고 대전에서 물러 나온 제갈량과 노숙은 아름답고 풍요로운 동오 땅을 내려다보며 대화를 나눈다.

노숙 오후(吳候)께선 마음이 기운 듯합니다.
제갈량 동맹하려면 한 분 더 설득해야지요.
노숙 (알아차린 듯) 도독대인 주유! 오후께선 형님처럼 모시죠. 돌아가신 주공께서도 '내사엔 장소를…'
제갈량 외사엔 주유를 찾아라?

제갈량과 노숙이 나눈 위의 대화를 보면 판세를 읽는 두 사람의 관점이 일치한다는 것을 알 수 있다. 백성들과 병사들의 신망을 한 몸에 받고 있으며 실질적인 전군 사령관이라 할 수 있는 주유의 동의와 협력을 얻어내지 못한다면 동맹은 불가능하다는 것에 두 책사의 의견이 일치한 것이다.

중국 사람들은 낯선 사람과는 거래를 잘 트지 않는 습성이 있다. 더욱이 관공서나 한자리 하고 있는 사람의 경우에는 그러한 낯가림이 더욱 심해서 어지간히 확신이 가지 않으면 아예 만나주지도 않는 경우가 많다. 필자 역시 몇 해 전 사업차 북경으로 출장을 갔을 때, 꽌시로 대변되는 이러한 중국인들의 인간관계 중심의 비즈니스 문화를 직접 경험해 보고 적잖이 애로를 겪은 적이 있었다.

그러하다면 어떻게 이러한 중국인의 낯가림을 극복하고 성공적인 비즈니스를 이룰 수 있을까? 방법은 하나, 당신이 목표로 하는 상대가 가장 신뢰하고 친밀한 관계를 맺고 있는 사람을 찾아 그를 중간에 내세워 상대에게 당신과 당신의 사업내용을 알려주게 하라. 이렇게 하면 당신에 대한 상대의 적개심이나 비협조적 태도는 상당히 반감될 것이다.

하지만 상대가 낯선 당신이나 당신의 사업에 갑자기 매력과 관심을 갖게 되어서라고 생각하면 오산이다. 오히려 당신을 소개해 준 그 지인의 체면과 위신, 그리고 앞으로의 관계를 고려해서 일단 한번 만나주는 것이라고 보는 것이 맞다. 그렇다면 그 지인은 두 사람의 첫 만남을 주선해 준 것으로 그 역할이 끝일까? 그렇지 않다. 앞으로 일을 진행하다 겪을 수 있는 오해나 충돌이 발생했을 때도 역시 당신을 대신해 적절한 중재자 역할까지 해줄 수 있다. 그렇게 하기 위해서는 경우에 따라 적정한 사례를 표해야 함을 잊어서는 안 된다. 그것이 바로 중국의 비즈니스 관계 형성 과정이기 때문이다.

전통적인 중국 역사 서술법인 춘추기법으로 집필된 정사《삼국지》나 소설《삼국지연의》모두 실제 적벽의 현지상황이나 당시의 실제 인구 규모를 감안해 볼 때, 영화에서 연출한 백만 대군과 수천 척의 전함이 격돌하는 적벽대전은 불가능하다는 것이 정설이다. 그러나 베이징 올림픽을 전후하여 본격화되었던 중국문화의 동북공정은 이제 할리우드를 통해 전 세계로 거침없이 파급되어 중국과 밀접한 역사관계에 있는 우리로서는 적잖은 우려를 할 수밖에 없는 상황이다. 특히 최근의 〈영웅〉, 〈황후화〉, 그리고 〈적벽대전〉과 같은 영화를 통해 춘추기법에 따른 중국의 역사왜곡이 이제는 스크린까지 왜곡하고 있는 실정이다. 개인적으로 주유를 좋아하는 삼국지 팬이기는 하나, 영화의 현란함에 현혹되어 자칫 그들의 동북공정을 방치하는 꼴이 되는 것은 아닐까 우려된다.

나의 약점을 노출시켜
상대를 위기상황에 빠트려라

🎬 제목 : 적벽대전 2 - 최후의 결전

🎬 원제 : Red Cliff, Decisive Battle

🎬 제작년도 : 2009년

🎬 감독 : 오우삼

🎬 배우 : 양조위, 금성무, 장풍의, 장첸, 조미, 후준, 린즈링

___

나의 약점을 노출시켜
상대를 위기상황에 빠트려라 : 전화위복(轉禍爲福)

적벽에서의 최후의 결전을 앞둔 조조의 80만 대군 진영. 급속도로
번져가는 열병에 숱한 병사들이 속수무책으로 쓰러져 가고, 조조의
가슴속 역시 새까맣게 타들어 간다. 전설적인 의술로 이름 높은 화
타마저 조조에게 철군을 종용하며 전염병 확산을 막기 위해 시신들
을 화장하려고 한다.

　화타 시신들을 태울 준비를 하겠습니다.
　조조 (문득 무언가 깨달은 듯) 잠깐.

조조의 지시에 따라 전염병에 걸려 죽은 송장들을 배에 실어 동
오로 떠내려 보내고, 가뜩이나 병력의 열세로 전전긍긍하던 동오의
손권과 유비의 연합군 진영에도 열병이 창궐한다. 결국 2만 밖에
남지 않은 병력을 보전하기 위해 유비는 자신이 먼저 손을 내민 손
권과의 동맹을 파하고 동오를 황급히 떠나간다.

적벽대전이라는 결전을 앞두고 병영에 창궐한 전염병에 휘말리는 바람에 절치부심해 온 강남 정벌이 자칫 물거품이 될 수도 있는 위기 상황을 맞은 조조. 그러나 이것을 역이용하여 손권과 유비의 동맹을 와해시키는, 문자 그대로 차시환혼(借屍還魂) 전략으로 탈바꿈시킨 자신의 탁월한 위기대처 능력에 자못 뿌듯해 한다. 적벽대전 이전까지 18전 전승의 혁혁한 전공이 허명은 아닌 듯하다. 그러나 이것은 제갈량과 주유가 펼친 조조에 대한 격장지계(激奬之計)로서 동맹와해를 거짓으로 연출하여 조조의 경계를 허물고 본 전투에서 유비군의 급습효과를 노린 장계취계(將計就計)임을 조조는 꿈도 꾸지 못하고 있다.

　누구나 협상에서 자신의 약점은 감추려 한다. 가뜩이나 버거운 상대에게 나의 치명적인 약점이 알려지면 그야말로 대책이 안 서기 때문이다. 흔히들 협상의 SWOT(Strength, Weakness, Opportunity, Threat)분석을 한다. 그래서 나의 장점은 드러내어 이용하고, 약점은 어떻게든 은폐하거나 아니면 사실을 왜곡하는 것이 일반적인 협상 전략 수립 논리이다.

　그렇기 때문에 나의 약점이 언제나 자신에게 해로운 것만은 아니다. 간혹 나의 약점이 상대에게도 적잖은 부담을 주는 경우가 발생한다. 나의 치명적인 약점이나 어려운 상황이 상대에게도 해가 되거나 최소한 득이 되지 않는 경우가 있다는 것이다. 어찌 보면 오히려 어지간한 장점보다 단점이 협상전략상 더 큰 도움이 될 수도 있다. 이런 경우에는 자신의 약점을 적절히 노출하거나 넌지시 상대에게 알려줌으로써 전화위복(轉禍爲福)의 상황을 이끌어 낼 수도 있다.

필자가 국내 모 영화사의 의뢰를 받아 성공적으로 마무리 지었던 미국의 어느 메이저 영화사와의 클레임 배상협상 건이 떠오른다. 상대는 막강한 세계 굴지의 메이저 업체로서의 파워와 자금력, 그리고 세계적 브랜드 인지도를 무기로 자신들의 귀책사유는 전혀 인정하지 않은 채 모든 문제의 책임을 우리측에게 떠넘기려는 억지를 부리고 있었다.

게다가 조금이라도 자신들이 요구한 피해보상액을 낮추기라도 했다가는 곧장 미국 법정으로 끌고 가서 요절을 내 버리겠다는 식의 강압적인 태도를 견지했다. 한마디로 단단히 잘못 걸려든 상황이었다. 그러나 몇 달간의 노력 끝에 애초에 요구한 보상액의 25%라는 놀라운 합의를 이끌어 내는 데 성공했다.

그때 필자가 채택한 여러 협상전략 중 하나가 바로 '나의 약점을 선별적으로 적절히 노출하여 상대로 하여금 자발적으로 기존의 요구 조건을 축소하거나 철회하도록 유도하는 전략'이었다. 구체적인 내용을 일일이 언급할 수는 없지만 첫 번째로 재정상황상 거액의 외환 지불 불가, 두 번째로 관련 법률제도상 외환 지불승인 불가 해석 등등을 집요하게 제시했던 기억이 난다. 한마디로 주기 싫다는 것이 아니라 줄 수 있는 형편이 아니라는 사실을 수긍하도록 유도하는 것이다.

예산이 턱없이 모자란다는 약점은 가격인하 압박전략으로, 부족한 생산설비로 인해 이미 포화상태인 생산일정은 긴급 제작에 따른 불가피한 공급 단가 상승의 이유로, 촉박한 납기일은 오히려 상대에 대한 즉각적인 계약체결 압박전술로 더할 나위 없이 훌륭하지 않은가?

협상은 억지로 상대를 설득하는 것이 아니라 오히려 상대가 우리의 입장을 두둔하고 나설 만큼 논리적으로나 심리적으로 협력적인 공감대를 형성할 때 가장 성공적인 결과를 이끌어 낼 수 있음을 새삼 확인하는 경험이었다. 물론 그렇게 상대를 절묘하게 유도하는 세세한 협상전략의 수립과 집행은 협상전문가와 의뢰 고객 사이의 전적인 신뢰를 바탕으로 한 밀접한 협력 없이는 불가능하다.

강한 상대는 정면 대결을 피하고 역정보로 호도하라 : 연환계(連環計)

전염병을 이용한 손권과 유비의 동맹 와해로 증명된 뛰어난 군사지략, 전대미문의 막강한 수륙 80만 대군, 그리고 황제를 능멸할 정도의 막강한 세도를 떨치며 기고만장한 한나라 승상 조조. 그는 마지막 결전을 앞두고 동오의 대도독 주유의 죽마고우인 장간으로 하여금 그를 찾아가 항복을 제안하도록 지시한다.

주유는 죽마고우인 장간을 환대하며 밤늦도록 질펀하게 술잔을 기울인다. 대취한 주유가 칼춤을 추기 위해 칼을 빼자 칼집 속에 있던 밀서 한 장이 바닥에 떨어지고…, 얼른 다시 주워 드는 주유. 장간이 놓칠 리 없다. 그때 다급하게 주유를 찾는 주유의 무관.

무관 도독 급보입니다.

주유 (호통치듯) 손님 계신 게 안 보이나.

그러고서는 장간을 피해 복도 한켠으로 자리를 옮겨 숨죽여 밀담을 나눈 두 사람. 장간은 살금살금 다가가 기둥 뒤에 숨어 귀를 쫑긋 세우고 이들의 이야기에 귀를 기울인다.

무관 채모와 장윤 장군 말로는 지금 조조의 목을 칠 수 없답니다.
주유 (소맷자락에서 밀서를 꺼내 보이며) 얕보지 말게. 그들의 전갈이야.
무관 (밀서를 다 읽고 나서) 잘 됐군요.

그날 밤 대취하여 잠든 주유의 소맷자락에서 밀서를 살며시 꺼내 읽는 장간. 내용인즉 손권의 휘하에 있다 얼마 전 조조에게 투항해 수군을 책임지고 있는 채모와 장윤이 며칠 내로 조조의 머리를 베어 그 수급을 주유에게 바치겠다는 것이 아닌가? 장간은 밤을 급히 달려 조조에게 비밀전문과 함께 자신이 엿들은 이야기를 들려준다. 격노한 조조는 가차 없이 두 장수의 목을 치게 하는데. 다 잡았던 적벽대전의 승리가 이 순간 날아간 것을 조조는 짐작이나 했을까?

장간을 이용하여 채모와 장윤을 제거한 이간계(離間計), 그리고 군선들이 쇠줄로 줄줄이 엮인 상태에서 화공을 가해 조조의 대함대를 순식간에 섬멸시킨 주유의 복합 전략을 흔히들 연환계(連環計)라고 부른다.

그 연환계의 첫 번째 전술인 이간계의 세부 전술이 바로 의도적 실수와 역정보 전술이다. 상대를 교란시키기 위한 거짓 정보를 마치 대단히 중요한 비밀 정보인양 관심을 유도한 다음에 사소한 실언이나 관리소홀로 상대가 해당 정보나 자료를 절취하도록 유도하여, 실제 협상에서 자신이 원하는 결과를 자발적으로 선택하도록 하는 고도의 심리적 기만술이다. 일반적으로 이 두 전술은 상호 궁합이 잘 맞아 복합적으로 쓰이는 경우가 많다.

9·11사건 이후 미국의 대테러 전쟁의 첫 번째 타깃으로 떠오른 이라크의 후세인은 미군이 결국 막강한 공군력과 지상군을 앞세워 조만간 남쪽에서 대대적인 공세를 감행할 것을 예상하고, 대부분의 정예 병력과 장비를 남쪽 방어선으로 집결시켜 철통같은 비상경계

태세에 돌입했다. 그러나 정작 각종 서방언론 보도를 통해 입수된 미군의 동향정보에 따르면 예상했던 남쪽의 지상 루트와는 정반대인 이라크와 국경을 맞대고 있는 북쪽의 터키에 대규모 병참기지와 공군기지 건설로 인해 상당기간이 소요될 것으로 예측된다는 것이었다.

결국 임박할 것으로 예상했던 미군의 공세는 적어도 두세 달 안에는 없을 것으로 판단하여 전선을 재배치하는 한편 비상경계 태세를 해제한다. 그러나 이러한 결정이 내려지고 불과 1주일도 안돼 미군은 당초의 예상대로 남쪽에서 대대적인 공세를 감행하여 전광석화와도 같이 이라크를 점령해 버렸을 뿐 아니라, 은신처에 숨어 있던 후세인마저 체포하는 등 기대 이상의 전과를 올린다. 이 역시 미국의 의도된 역정보 교란 전술이었던 것이다.

요즘 세계적인 금융위기의 여파에 이어 다시 붐이 일고 있는 대규모 국제 인수합병(M&A) 협상에서는 이처럼 주요 언론과 기관, 심지어 관계 정부까지 가세한 역정보 교란 전술이 어지럽게 펼쳐지고 있다. 안타까운 것은 이러한 미국 등 선진국의 체계적이고 국수적인 공조 체제 앞에서 우리나라의 기업들이 너무나 무방비 상태로 헐값에 거래되어 왔으며, 앞으로도 그러지 말라는 보장이 없다는 사실이다. 특히 IMF 사태 때의 국내 주요기업의 빅딜(Big Deal) 상황에서 자행된 미국 등 일부 금융선진국들의 무자비하고 비윤리적인 기업 인수합병 작태가 끼친 영향은 아직까지도 대한민국 경제에 다 아물지 않은 채 깊은 상흔을 남기고 있음을 직시하고 이에 대한 구체적이고 현실적인 안전망 구축과 실전 역량을 제대로 갖춘 국제협

협상은 영화처럼 영화는 협상처럼

상 전문가 양성이 시급하다.

결론적으로, 적벽대전에서 보여준 제갈량과 주유의 다양한 협상 전략을 정리한다면 첫 번째는 득의양양한 조조의 자만심을 이용한 교병지계(驕兵之計), 두 번째는 전략전술이 능란한 조조의 술책을 역이용하는 장계취계(將計就計), 그리고 내게 없으면 외부의 도움을 이끌어 내어 보완하는 초선차전(草船借箭)으로 크게 나누어 보아도 그다지 틀린 말은 아닐 것이다.

그러나 나랏일이든 사업이든 큰일을 이루고자 한다면 우리는 반드시 누군가와, 심지어 경우에 따라서는 적과도 협력할 줄 알아야 할 것이다. 더 솔직히 말한다면 상대로 하여금 적어도 당장은 전격 협력하는 것처럼 믿게 만들 수 있어야 한다. 그렇지 않고서는 자신의 부족함을 보완하고 필요한 역량을 갖춘다는 것이 말처럼 그리 수월하지 않기 때문이다. 그런 면에서 우리나라로서는 경제력, 국방력, 외교력이 부족하며, 기업으로서는 자본과 기술, 그리고 브랜드가 아직까지 약하다는 현실을 감안할 때 필요하면 자연의 바람까지도 빌려다 쓰는 제갈량의 초선차전(草船借箭) 협상전략이 필자의 가슴에 더 깊이 와 닿는다.

나의 약점을 노출시켜 상대를 위기상황에 빠트려라

17

달콤한, 그러나
치명적인 협상전략:
트로이의 목마

❧ 제목 : 트로이

❧ 원제 : Troy

❧ 제작년도 : 2004년

❧ 감독 : 볼프강 피터슨

❧ 배우 : 브래드 피트, 에릭 바나, 올랜도 블룸, 다이앤 크루저, 숀 빈, 브라이언 콕스, 피터 오툴,
브래든 글리슨

호메로스의 《일리아드》에서 영감을 받아 제작되었다고는 하지만 할리우드 영화답게 신화와 전설은 온데간데없고 새로운 트로이 전쟁을 그려나가는 영화 〈트로이〉.

3,200년 전 그리스의 도시국가인 미케네의 왕 아가멤논은 대부분의 그리스 도시국가들을 느슨하게나마 단일 동맹체로 규합한다. 그러나 아가멤논의 동생인 메넬라오스는 전쟁에 지친 나머지 철통같은 성벽과 뛰어난 궁술로 그리스의 수많은 외침을 막아 온 강적 트로이와 평화협정을 맺는다.

메넬라오스의 궁전에서 열린 축하 연회에 특사로 온 트로이의 왕자들인 헥토르와 파리스. 철부지인 바람둥이 파리스 왕자는 메넬라오스의 왕비인 헬렌과 눈이 맞아 몰래 사랑을 나누더니 급기야는 트로이로 돌아가는 배에 그녀를 숨겨 데려간다. 아내를 빼앗긴 것을 알고 격노한 메넬라오스는 형인 아가멤논을 찾아가 트로이를 칠 것을 주장하고 아가멤논은 이번이 트로이를 정벌할 절호의 기회라며 전 그리스 군대의 출정을 명한다. 드디어 그 유명한 트로이 전쟁의 서막이 오른 것이다.

고도로 정제된 함축적인 말로 상대의 영혼을 감동시켜라

그러나 아가멤논에게는 한 가지 고민이 있었다. 다름 아닌 그리스 최고의 전쟁 영웅인 아킬레스를 어떻게 설득하여 출전하게 만드느냐였다. 사실 아킬레스는 야심에 눈먼 아가멤논에 대한 거센 반감으로 출전을 거부하고 있었던 것이다. 아킬레스를 회유하기 위해 아가멤논이 선택한 방법은 지혜가 뛰어나고 아킬레스가 평소 존경해 온 이타카의 왕 오디세우스를 보내는 것이었다. 자신을 찾아 온 오디세우스를 반가이 맞이하는 아킬레스. 그러나 이내 낌새를 눈치챈다.

> 아킬레스 아가멤논이 가보라 하던가요? 나는 그를 위해선 안 싸워요.
> 오디세우스 아가멤논을 위해 싸워 달라고 부탁하는 게 아닐세. 그리스를 위해 싸워 달라고 간청하고 있네. 아킬레스, 자네는 영광을 위해 싸우게. 아가멤논은 권력을 쫓도록 내버려 두고. 영광이 누구에게 갈지는 신들이 결정하겠지. 이 거대한 전쟁은 역사에서 결코 잊혀지지 않을 거야. 그 전쟁에서 싸운 영웅들 역시.

뒤돌아서 내려가는 오디세우스를 바라보는 아킬레스의 마음은 트로이 전쟁을 통해 역사 속에 불멸의 영웅으로 깊이 아로새겨질 자신의 이름을 되뇌고 있다. 전쟁의 신, 아-킬-레-스.

주위 깊게 선택한 함축적인 말의 매력(Charm with the carefully chosen Loaded Words)이라는 것이 있다. 여기에서 'Loaded Word'는 저의가 숨겨진 말(함축적인 말)이라고 해석하면 될 듯싶다. 말을 잘 한다는 것은 결코 무작정 아무 말이나 아무렇게나 많이 내뱉는 것이 아니다. 한마디 한마디가 상대를 논리적으로 설득할 수 있을 뿐 아니라, 필요하다면 상대의 영혼까지도 매혹시킬 수 있어야만 가히

협상은 영화처럼 영화는 협상처럼

유창하다고 할 수 있다. 특히 지위와 재력은 물론 명성까지 갖춘 콧대 높고 자존심이 강한 상대를 설득하기 위해서는 단순한 논리성이나 기분 좋은 아첨만으로는 부족하다. 자칫 섣부른 논리나 이익 운운하다가는 그나마 주어진 기회조차도 무산시켜 버릴 수 있다.

역사에서 결코 잊혀지지 않을 전쟁에서 싸운 영웅이라는 영광을 차지하라고 아킬레스에게 들려준 오디세우스의 말처럼 잠들어 있는 영혼의 눈을 번쩍 뜨게 할 수 있는 '말'을 찾아라. 오디세우스의 세치 혀끝에서 나온 대수롭지 않은 듯한 단어들이 불세출의 전쟁 영웅인 아킬레스의 영혼을 관통한 것이다. 그리스, 영예, 찬양, 영웅, 불멸. 영혼을 울리고 심장을 고동치게 할 촌철살인의 함축적인 말을 찾아라. 그 말 한마디가 당신의 비즈니스를, 그리고 역사를 바꿀지도 모른다.

치명적인 기만 협상전략,

트로이의 목마 : Trojan Horse, Hidden fatalness

오디세우스 덕분에 영웅 아킬레스를 불러낸 아가멤논은 그리스 연합군을 이끌고 트로이에 도착한다. 하지만 수십만의 그리스 대군의 공세에도 불구하고, 트로이의 견고하고 높은 성벽을 넘지 못한 아가멤논은 결국 오디세우스의 책략에 따라 거대한 목마를 트로이 해변에 만들어 두고 거짓으로 철수한다. 그리스군이 철군했다는 소식에 해변으로 달려 온 트로이의 프로암 왕과 파리스 왕자. 그들 눈에 들어 온 것은 역병에 걸려 널브러져 있는 그리스군 시체들과 포세이돈에게 귀향길을 축복해 달라고 제물로 바친 것으로 보이는 거대한 목마였다.

신화에서는 프로암 왕의 딸이자 예언자인 카산드라가 트로이를 멸망시킬 재앙이니 불태우라고 했으나, 영화에서는 파리스 왕자가 그 말을 대신한다. 그러나 왕은 막강한 그리스 연합군을 격퇴했다는 벅찬 승리감과 오랜 전쟁에 지친 트로이 국민들에게 좋은 위안거리라며 목마를 성 안으로 끌고 간다. 그날 밤, 트로이 성 전체가 전승 축제로 술과 열광에 젖어든다. 그 다음은 모두가 아는 대로이다. 목마 속에 숨어있던 그리스 병사들에 의해 성문이 열리고, 몰래 다시 트로이로 돌아온 그리스 대군이 성 안으로 물밀 듯 밀려들어온다. 아비규환 속에서 잿더미로 변하며 찬란했던 트로이 문명은 역사에서 그렇게 너무도 덧없이 사라진다.

트로이의 목마 전술은 상대로 하여금 그 속내를 알아차리지 못하게 한다는 점에서 일반적인 기만술 혹은 교란술과 비슷해 보인다. 그러나 통상의 기만술이 협상 막바지에 조건부 교환 상황을 유도하는 것이 주된 목적이라면 트로이의 목마 전술은 다르다. 특정한 비즈니스나 관련 전문 분야에서 현격한 우월적 지위나 역량 및 정보를 보유한 다국적 기업이나 강대국 정부가 정보체계도 허술하고 국력도 미약한 목표 기업이나 약소국 정부를 상대로 언뜻 보기에는 놓치기 아까운 매력적인 내용만을 앞세워 특정 계약이나 협정 체결을 유도한다. 이 후에 미리 예상한 상황 변화나 일정 시점이 도래하면 이점은 하나도 없고 예상치 못한 막대한 추가 비용 청구,

일방적이고 편파적인 특허권이나 영업권 침해 소송, 그리고 독자적 사업운영이나 국정운영에 관한 자치권의 심대한 침해 상황을 고의적으로 발생시키는 거의 사기라 할 수 있는 치명적인 기만술이다.

더욱이 애당초 고의적 정보 차단 및 호도로 인해 상대는 이러한 심각한 상황이나 폐해를 전혀 예측하지 못한다. 게다가 계약이나 협정체결 시 법적으로는 전혀 하자가 없음을 스스로 인정하고 합의한 터라 어디 가서 제대로 하소연 할 수조차 없는 딱한 처지에 내몰리게 된다.

더욱더 상황을 악화시키는 것은 이러한 트로이의 목마 전술을 구사하는 상대가 단독이 아니라 일단의 거물급 다국적 기업이나 기관, 그리고 강대국 정부나 기구와 연계하여 일종의 카르텔을 형성하여 쉽게 무시할 수 없는 합법성과 보편적 타당성을 제시하여 별 탈 없으리라고 안심시키는 전략과 암묵적인 위협을 병행하면 군소 기업이나 약소국의 정부로서는 이래저래 안 걸려 들 수가 없다는 사실이다.

얼마 후, 이미 치밀하게 계산되고 예측한 실제 위기상황이 발생하고, 법적으로는 전혀 하자가 없는 상호 승인한 계약서나 협정문에 의거해서 합법적으로 준행할 의무 집행을 강력하게 요구해 온다. 그러면 상대가 제시하는 부당한 보상조건이나 일방적이고 부당한 내정간섭 정책을 싫어도 어쩔 수 없이 감수할 수밖에 없다. 더욱더 심각한 문제는 자본, 기술, 영업, 마케팅 등 계약이나 협정 초기에 도입한 여러 달콤한 다각적 지원과 협조만 믿고 의지해 온 터라, 상황이 발생하더라도 신속하게 전략과 시스템을 전환하거나 개선하는 것이 실질적으로 불가능하다. 뿐만 아니라 모든 제반 여건이나 환경이 이미 상대의 부당한 편익에 부합되도록 변질되어 있어 속수무책으로 끌려 갈 수밖에 없는 경우가 허다하다.

트로이의 목마가 가장 효과적으로 적용된 비즈니스의 사례로는 미국 마이크로소프트(MS)의 윈도 운영체제(OS) 프로그램을 들 수 있다. MS는 거의 거저나 다름없는 저렴한 가격으로 당시 세계 최대의 컴퓨터 제조업체인 IBM에 윈도 운영체제를 공급한다. 이를 통해 IBM 컴퓨터를 구입한 소비자에게 MS가 판매하는 응용 프로그램 외에는 설치 및 사용 자체가 불가능하게 만들어 버린다. 결국 경쟁사 혹은 무료 OS프로그램이 더 우수하고 저렴하다 하더라도 어쩔 도리 없이 MS의 프로그램만을 쓸 수밖에 없게 된다. 또한 IBM 컴퓨터 역시 MS의 윈도 프로그램을 주력기반으로 자사 R&D를 오랜 기간 진행해온 터라 더 이상 다른 OS프로그램으로 교체하기가 곤란해질 뿐 아니라, 컴퓨터 주변기기 사업체까지 MS의 OS프로그램을 채용하지 않을 수 없는 지경에 이르게 된다. 한마디로 MS가 세계시장을 석권한 것은 뛰어난 기술 덕도 있겠지만, IBM과의 사업에서 시행한 바로 이 트로이의 목마 전략 덕분이라는 것을 알 수 있다.

결국 거래 상대보다 더 뛰어난 해당 분야의 전문지식과 정보 및 세력을 바탕으로 상대가 미처 깨닫지 못하고 있는 시장변화와 기회 요인을 예측해야 한다. 그 다음 근시안적인 시각을 지니고 있는 거래 상대가 넝쿨 채 굴러들어 온 호박처럼 느끼도록 계약 당시는 달콤하기 그지없는 호조건을 제시하여 합법적인 계약이나 협정을 체결한다. 그 후 예측하고 있던 특정 시점이나 상황이 도래할 시점에서 엄청난 추가 금액을 요구하거나, 최근 우리나라의 수많은 중소기업들을 줄도산 시켰던 KIKO사태처럼 생각지도 않던 막대한 손해배상을 요구하는 것이다. 또한 기술협약 및 영업협력 조항에 묶여 거래선 변경이나 거래 종료를 하고 싶어도 할 수 없는 다각적인 족쇄, 사실상 노예 문서나 다름없는 눈에 보이지 않는 강력한 법적 통제력과 영향력을 합법적으로 갖도록 만들어 주는 고도의 전문성을 요하는 기만협상전략이다.

한마디로 멀쩡히 눈 뜨고 있는 촌사람 코 베어 간다는 서울 사람처럼 당한 사람만 바보가 되고 어디 가서 하소연할 수도 없는 것이 바로 트로이의 목마 협상전술이다.

트로이의 목마는 비단 비즈니스뿐 아니라, 국가간의 외교통상협상에서도 종종 등장한다. 지금도 잡음이 끊이지 않는 한·미 FTA 재협상 논란이나 한·EU FTA 등이 좋은 예이다. 자동차 관세 문제에만 집중하는 근시안적 태도에서 벗어나 무역구제, 투자, 지적재산권 등 광범위한 분야에서 우리가 놓친 것들을 찾아야 한다. 그리고 미국과 유럽의 닳고 닳은 통상전문가들과 다국적 기업의 로비스트들이 자국의 이익과 장기적인 기업이익의 확보와 증대를 위해 꼭꼭 숨겨 놓은 비윤리적이고 치명적인 트로이의 목마를 찾아 제거하는 데 정부와 국회가 총력을 기울여야할 때이다. 우리가 모자라서, 잘 알지 못해서 후손들이 깡통을 차게 만들었다는 역사의 냉엄한 비판을 받고 싶지 않다면 말이다.

붉은 청어를 조심하라!

미국은 한국과의 외교 및 통상협상에서 '붉은 청어' 전략을 빈번히 사용해 왔으나, 우리는 지금까지 말려들었다는 것조차 모른 채 넘어간 적이 적지 않았다. 필자는 지난 1차 한·미 FTA 협상 과정에서 미국이 구사한 협상전략을 분석해봄으로써 앞으로 더 확대될 FTA 협상에 대한 우리의 준비 자세를 점검해 보고자 한다.

미국이 우리나라와 FTA를 체결하려는 이유는 미국에 유리한 규제와 제도의 틀 속에 한국을 끼워 맞춰 미래의 막대한 통상경제 패권 장악의 기초를 확실히 닦아 놓겠다는 것이 분명하다. 미국의 통상경제 패권의 원천은 막강한 자본력을 바탕으로 한 해외투자금융 산업과 바이오 기술 등 첨단 기술관련 특허권을 바탕으로 한 미래 유형무형의 기술집약형 자본산업이다.

그에 반해 한국의 경제성장의 원천은 대체로 상품 수출에 있다. 그렇기 때문에 우리정부는 1차 협상 시 우리의 주력 수출 상품인 자동차와 전자제품 등의 관세 및 무역규제 혹은 통상 보복조치 완화를 위해 최선을 다했던 것이다.

그러나 실제로, 미국의 자동차시장에서 한국산 수입자동차시장의 규모는 아직까지 일본에 비해서는 상당한 열세이며 독일이나 기타 주요 유럽 자동차업체에 비해서도 아직 강력한 경쟁력을 갖고 있지 못하다. 게다가 저가로 밀고 들어오는 중국자동차의 미국 진출이 본격화되는 3~4년 후에는 더욱 어려워질 것이 분명하다. 전자제품 시장 역시 비슷한 상황이다. 세계에서 공산품 가격이 가장 싼 시장이 바로 미국이다. 미국인들의 풍요한 삶을 위해서는 값싸고 품질 좋은 공산품의 수입이 불가피한 것이다. 자동차나 전자제품의 관세 인하 조치는 결국 미국에게 그렇게 부정적인 사안만은 아닌 것이다.

결과적으로 1차 FTA 협상에서 우리는 미국의 실제 협상 사안이라 할 수 있는 투자부문, 특허권 등 지적재산권 부문과 통상규제 부문 등에 대해 제대로 협상다운 협상도 못한 채 상당 부분 미국측의 제안을 수용하거나 겨우 일부를 수정하는 선에서 타협을 한 것으로 보인다.

즉 미국은 국내 언론에 나타났던 것처럼 1차 협상에서 그다지 큰 어려움 없이 원래 계획했던 협상목표를 거의 100% 달성하고 돌아간 셈이다. 우리측이 민감하게 생각하는 몇 가지 특정 사안에 대해서 꽤나 어려운 양보를 해 주는 양 너스레를 떨었을 뿐, 귀국 비행기에 오른 그들은 속으로 쾌재를 불렀을 것이다. 물론 의회 제출 시한에 쫓긴다는 점도 있었지만, 얼마나 한·미 FTA 협상 결과가 성공적이었기에 부시 대통령은 별다른 검토나 확인도 없이 즉각 의회에 비준승인 요청을 할 수 있었겠는가? 한마디로 너무나 흡족한 결과였다는 것을 반증해준 것이다.

향후 미국의 해외시장에 대한 전략 산업인 금융투자, 특허권을

203

비롯한 지적재산권 부문, 그리고 이러한 실질적인 자국 실리추구의 보호막인 통상규제 및 무역구제 부문 등 우리나라의 국내법과 제도를 송두리째 뒤흔드는 실질적 핵심 전략 사안들이 있었다. 하지만 협상이 본격화되기 오래 전부터 '법률적으로 절대불가', '이미 합의된 사항이므로 논의불가' 운운하면서 협상 자체를 회피하는 억지 전략을 구사하며 협상이 시작되기도 전에 우리 정부의 협상의지를 꺾으며 완벽히 지켜낸 것은 바로 미국이 구사한 '붉은 청어' 전략의 완벽한 한판승이었던 것이다.

얼마 전 중국의 한 고위 외교관리가 중국 공영 텔레비전 방송에 출연한 적이 있었다. 미국과의 외교협상에서 "Shut up"이란 말을 했다고 해서 화제가 된 인물이었다. 사회자가 "아니 'Shut up'이란 말을 국제 외교에서 사용한다는 것이 과연 타당한 것입니까? 상대의 반응은 어떻던가요?"라는 질문에 그는 이런 말로 대답했다. "물론 그런 말을 쓰는 외교관은 없죠. 그런데 남들은 안 쓰는데 제가 한번 써보니, 그 효과는 오히려 상당하더군요. 중국의 이익을 지킬 사람은 지구상에서 우리 중국인 밖에는 없습니다. 중국인 스스로가 지켜야 합니다."

이 말은 지금 여러 나라들과 FTA 협상을 벌이고 있는 우리에게도 절실히 필요한 메시지이다.

18

결코 거절할 수 없는
제안을 던져라

🎥 **제목** : 대부 1

🎥 **원제** : The Godfather

🎥 **제작년도** : 1972년

🎥 **감독** : 프랜시스 포드 코폴라

🎥 **배우** : 말론 브랜도, 알 파치노, 제임스 칸, 로버트 듀발, 다이앤 키튼

영화 〈대부〉는 미국 뉴욕 지역, 이탈리아의 시칠리아 섬 출신이 조직한 마피아의 피비린내 나는 계파 간 전쟁을 700만 달러를 들여 그린 느와르 영화의 대표작이다. 1966년에 파라마운트 영화사는 한때 실제 마피아 조직원이었던 작가 마리오 푸조의 작품을 사들여 영화 제작에 돌입했으나, 마피아의 협박으로 여러 차례 촬영이 중단된다. 그러나 파라마운트와 마피아의 최종 담판 결과, 대본에서 마피아(Mafia)라는 단어를 쓰지 않는다는 조건 하나로 극적인 타결을 맞는다. 그래서 〈대부〉 1편에서는 마피아 대신 패밀리(Family)라는 단어를 썼다고 한다.

대부인 돈 콜리오네를 완벽히 표현한 말론 브랜도의 명연기, 프랜시스 포드 코폴라와 마리오 푸조의 빈틈없는 각본, 그리고 니노 로타의 인상 깊은 음악이 한데 어우러진 예술성과 상업성을 완벽하게 결합한 수작이다. 1970년대에 실제 마피아들이 이 영화 속 패션과 행동 방식을 따랐다고 하니 당시의 반향을 짐작하고도 남음이 있다.

품격 있는 매력으로 상대의 마음을 사로 잡아라

: Exquisite buy-in is first, business next

1947년, 롱비치에 있는 돈 콜리오네(말론 브랜도)의 호화 저택에서는 막내딸 코니의 초호화판 결혼식이 거행되고 있는 한편, 흔히 대부(代父, Godfather)로 불리는 돈 콜리오네의 서재에는 갖가지 위험한 청탁을 하러 온 사람들이 자신의 순서를 기다리고 있다.

영화가 시작되면 돈은 얼마든지 줄 테니 사랑하는 딸을 폭행한 녀석들을 살해해 달라는 장의사가 나온다. 돈 콜리오네에게 존경의 의미인 대부라는 호칭도 쓰지 않는 다소 무례한 이 장의사의 태도에 참다못한 돈 콜리오네는 불편한 심기를 애써 감추며 점잖게 나무란다.

> 돈 콜리오네 이 친구야, 내가 자네에게 뭘 그리 잘못한 게 있다고 이토록 무례하기 짝이 없나? 대부라고 부르지도 않고 말이야.

이탈리아 사람들, 특히 시칠리아 섬을 포함한 이탈리아 남부 사람들의 경우에는 우리나라 사람들과 비슷하게 사람을 가리는 경향이 있다. 낯선 방문객에 대해서는 겉으로 드러나지 않게 시종일관 까다로운 품평을 한 후 자신의 위치와 격에 어울리는 사람인지, 신뢰할 만한 사람인지를 꼼꼼히 살펴본 후 거래를 할지 말지를 결정한다는 것이다. 한마디로 첫인상이 관건이다.

그렇다면 어떻게 해야 그들에게 좋은 첫인상을 심어줄 수 있을까? 우선 두세 가지만 확실히 기억해 두자.

첫 번째로 대화하는 상대의 지위와 연령에 따라 적절한 호칭을 사용해야 한다. 지중해의 뜨거운 태양만큼 정열적이고 다혈질인 이탈리아 사람들은 다들 이야기하다시피 소탈하고 격의 없으며 우호적인 것이 사실이다. 그렇다 하더라도 성공한 사업가나 관리로서 자긍심이 강한 중상류 이상의 인사들은 자신의 지위나 체면에 상당히 예민하다. 따라서 그들에게 적절한 호칭을 사용하거나 그에 걸맞은 정중한 응대를 하는 것은 결코 소홀히 해서는 안 되는 문제이다.

위 영화 장면에서 돈 콜리오네가 외동딸의 복수 청탁을 하러 온 장의사에게 자신을 대부라고 부르지도 않는다고 꼬집어 지적하는 것처럼 사회적 지위나 연령을 고려한 적절한 호칭의 사용이 바람직하다. 일반적으로 시뇨르 OOO가 무난하나 명함에 있는 학위나 직위로 호칭하는 것을 선호하는 경향이 있음을 기억하자.

두 번째는 우선 보수적이지만 고급스럽고 멋스런 복장과 깔끔함으로 호감을 사라. 당신이 지금 패션의 중심지인 이탈리아에 와 있음을 명심하라. 이탈리아 사람들은 행색으로 사람을 판단하는 경향이 강하다. 수수한 모습은 문전박대 당하기 십상이다. 오히려 당신이 어지간히 꾸며도 이탈리아에서는 수수하게 보일 테니 차라리 다소 과감한 패션 연출을 시도해 보는 것도 좋다.

세 번째는 조급하게 사업 이야기를 먼저 꺼내지 말고 느긋한 마음으로 한담부터 즐겨야 한다는 것이다. 그러나 한담이라 해도 결코 어정쩡하게 시간이나 때우는 것이 아님을 명심하라. 한담을 나누면서 이탈리아인 상대에게 당신에 대한 호감 어린 첫인상을 심어 줄 수 있도록 세심한 주의를 기울일 필요가 있다.

실제로 비즈니스 이야기는 식사가 마무리 되고 후식이 나온 다음, 이탈리아인 호스트이든 게스트이든 그 쪽에서 먼저 "이제 비즈니스 얘기를 해 볼까요?"라고 하면 시작된다고 보면 된다. 그때까지는 이탈리아의 뛰어난 문화와 예술, 축구 등에 관한 이야기를 끊임없이 이어가며 2시간 정도의 식사시간을 활기차게 즐겨야 한다. 하지만 경험을 해본 사람은 잘 알겠지만 이것이 결코 녹록한 일은 아니다. 왜냐하면 그런 대화를 여유 있게 들어주고 적절히 맞장구를 쳐 주기에는 우리가 가진 이야깃거리가 부족한 것 또한 사실이다. 하지만 관심을 갖고 적극적으로 듣고 질문하면서 대화를 진행하면 그다지 문제될 것은 없다.

자세와 태도는 격조 있고 기품 있게, 대화는 유쾌하고 상대를 배려하는 마음으로 진행하면 무난하다. 이러한 한담의 시간을 통해 이탈리아인들로 하여금 당신이 신뢰할 만한 비즈니스 파트너로서, 더 나아가 자신들과 어울릴 만한 벗으로 삼기에 손색이 없다는 첫인상을 심는 데 집중하라. 비즈니스는 그 다음이다.

———

절대 거절 할 수 없는 제안을 던져라 : Make an offer that he can't refuse

돈 콜리오네와 장의사가 서재에서 대화를 나누고 있던 그 시간, 둘째 아들 마이클(알 파치노)의 사랑하는 약혼자 케이(다이앤 키튼)는 할

리우드의 유명 가수이자 배우인 자니가 하객으로 와서 노래하는 것을 보고, 돈 콜리오네와 어떤 관계인지 궁금해 한다. 마이클은 아버지인 돈 콜리오네가 자니의 대부이며, 자니가 오늘날 스타가 되는데 많은 도움을 줬음을 알려준다. 그리고 무명가수에서 막 스타로 발돋움하려는 자니를 끝까지 놓아주지 않고 애 먹이던 한 밴드 리더를 돈 콜리오네가 어떻게 처리했는지 담담하게 들려준다.

> 마이클 하루는 아버지가 그 밴드 리더를 찾아가셨지. 그리고 1만 달러를 건네며 자니를 이제 그만 놓아달라고 하셨대. 하지만 그가 거절했어. 그 다음날, 아버지는 다시 찾아가셨어. 하지만 이번에는 인상이 험악하고 덩치 큰 루카 브라지란 부하를 데리고 가셨어. 그리곤 한 시간 만에, 그는 천 달러 수표 한 장 받고 계약해지에 군소리 없이 바로 사인했다더군.
>
> 케이 (의아해 하며) 어떻게 된 거죠?
>
> 마이클 그 치가 거절할 수 없게 제안을 던지신 거지.
>
> 케이 (점점 더 궁금해 하며) 도대체 어떻게 하신 거죠?
>
> 마이클 루카 브라지가 그 치의 머리에 총을 겨눴고, 아버지는 이렇게 말씀하셨다지. 네놈 골통이든 네 놈 사인이든 둘 중 하나는 이 계약서에 올라오겠지.

별 이야기가 아니라는 듯 섬뜩하리만치 무표정한 마이클의 모습을 보는 케이의 얼굴에는 왠지 모를 불안의 어두운 그림자가 드리운다.

　가족의 어두운 사업과 자신은 무관하다며 남 일처럼 아버지 돈 콜리오네의 업무처리 방식을 이야기하는 마이클. 그러나 돈 콜리오네를 가장 많이 닮은, 아니 돈 콜리오네를 능가하는 마피아 두목의 자질이 마이클에게 있음이 영화가 전개되며 나타난다. 그리고 그들의 업무방식, 즉 '거절할 수 없는 제안을 던져라'는 영화 전편에 걸쳐 반복해서 보게 된다.

　다음은 우리에게도 잘 알려진 미국의 전설적인 흑인 재즈 트럼펫 연주자였던 루이 암스트롱의 일화이다. 당시 악명 높은 범죄도

시 시카고의 한 나이트클럽 안에 있는 그의 분장실 문을 부서져라 열고 들어 온 무시무시한 덩치의 갱스터가 다짜고짜 다음날 저녁 뉴욕의 허접한 나이트클럽에서 연주를 해 달라는 것이 아닌가?

유명 연예인으로서 정중히 사과하며, 이 정도 위협에는 눈썹 하나 까딱하지 않는 사람이라는 것을 보여 주려고 그의 눈앞에서 등을 홱 돌려 버렸다고 한다. 바로 그때, 귓전을 울리는 금속성의 철커덕 하는 소리. 그 갱스터가 암스트롱의 머리에 커다란 권총을 들이대고 금방이라도 방아쇠를 당겨 버릴 태세에 암스트롱이 한 말은 "정 그러시다면 내일 뉴욕에서 연주해 드리죠"였다.

"그냥 말만 하는 것보다 말과 총을 함께 사용하면 더 많은 것을 얻을 수 있다"라는 알 카포네의 말은 바로 이러한 상황을 두고 하는 말이다.

비즈니스 협상에서는 총을 겨누는 것이 아니지만 그에 못잖은 합법적 위협 수단들이 있다. 바로 갖가지 압박전략들이다. 예를 들어 시간압박, 계약철회, 기정사실화, 결렬불사 등 압박전략은 수도 없이 많다.

그러나 상대로 하여금 당신의 제안을 받아들이게 하는 최고의 협상전략은 단순히 압박전략 몇 개를 무턱대고 들이대는 것이 아니다. 상대를 제대로 압박하려면, 그래서 당신의 제안을 군소리 없이 받아들이게 하기 위해서는 제일 먼저 상대의 약점(Weakness)과 강점(Strength), 그리고 기회요인(Opportunity)과 위협요인(Threat)을 면밀히 분석해야 한다. 즉 SWOT 분석을 하는 것이다. 상대의 약점이나 위협요인 등은 확대 과장하여 기선을 제압하고, 상대의 강점이나 기회요인 등 자신의 협상력을 약화시킬 수 있는 잠재적 위협 요소들은 논리적으로 위축 혹은 약화시켜 상대의 공격적 협상력을 무력화시키는 전략적 협상 논리 개발은 반드시 필요한 작업이다.

비즈니스 협상에서 상대에게 총부리를 겨눌 수는 없다. 하지만 상대의 숨겨진 취약점을 심도 있게 파악하고, 그에 따른 효과적인 대응논리를 수립한 후, 지금까지 언급한 압박 협상전략을 시의적절하게 적용한다면 알 카포네의 총보다 더 강력한 협상의 권총을 상대에게 겨누게 될 것이다. 협상가의 총은 바로 제대로 훈련된 전략적 협상력인 것이다.

제거할 적은 안심시켜 방심하게 하라

딸의 결혼식이 끝나고 얼마의 시간이 흐른 어느 날, 돈 콜리오네의 라이벌인 타탈리아 패밀리와 손잡은 마약 밀매업자 솔로초(알 레티에리)는 자신과 손잡기를 거부한 돈 콜리오네를 암살하려 한다. 그러나 암살자들이 쏜 5발의 흉탄을 맞고도 돈 콜리오네는 기적적으로 살아난다.

상대 패밀리의 아버지 제거음모에 분노가 폭발한 막내아들 마이클. 마이클만은 마피아로 살지 않게 하려던 돈 콜리오네의 간절한 염원에도 불구하고 마이클은 스스로 솔로초를 직접 살해하고 시칠리아로 피신한다. 마이클이 잠적해 있는 동안 뉴욕은 패밀리 간의 피비린내 나는 복수극으로 하루도 잠잠할 날이 없게 된다.

지루하기 짝이 없는 시칠리아에서의 도피생활은 햇수를 넘기고 있었다. 그러던 어느 날, 운명처럼 맞닥뜨린 아름다운 시골 아가씨와 결혼하는 마이클. 그러나 적들의 끈질긴 추적이 계속되고, 결국 마이클의 눈앞에서 자동차에 숨겨 놓은 폭탄이 터지면서 아무것도 모르는 순진한 아내마저 숨을 거두고 만다.

얼마 후, 큰 아들 소니(제임스 칸)마저 살해당하고, 돈 콜리오네는 자신이 직접 나서 패밀리 간에 휴전 협정을 맺는다. 마이클만은 잃을 수 없다는 돈 콜리오네의 선택이었다. 뉴욕으로 돌아 온 마이클은 패밀리의 수장으로 묵묵히 일을 해 나간다. 그러던 어느 날, 돈 콜리오네가 심장마비로 유명을 달리한다.

돈 콜리오네의 장례식에 참석한 마피아의 대표들. 그 가운데 돈 바르지니가 선친의 오랜 세월 부하였던 테시오를 통해 곧 만날 것을 제의해 온다. 죽기 얼마 전 유언처럼 남긴 돈 콜리오네의 충고가 마이클의 뇌리를 스친다. "언젠가 바르지니는 네가 가장 신뢰하는 사람을 통해 안전을 보장할 테니 한번 만나자고 제의해 올 거야. 그 자리에 나갔다간 넌 바로 죽은 목숨이다. 이제부터 내가 하는 말 잘 들어라. 바르지니의 말을 전하러 오는 그자가 바로 배신자다. 명심해라."

돈 콜리오네의 장례식 국화가 아직 시들기도 전, 게다가 마이클이 성당에서 조카의 대부로서 유아세례식을 거행하는 어느 신성한 주일날 아침. 모처럼 찾아 온 평화를 만끽하듯 아무런 걱정 없이 편안한 주말의 휴식을 즐기고 있던 바르지니, 타탈리아, 그리고 여러 배신자들은 마이클이 보낸 암살자들에게 한 사람도 남김없이 암살

214

된다. 이것은 숱한 세월 동안 응어리진 피의 복수가 마침내 완성되는 순간이자 마이클, 아니 새로운 돈 콜리오네의 등장을 알리는 서막이었다.

　무는 개는 짖지 않는다고 했던가? 가장 신성한 유아세례식이 거행되는 안식일에 그토록 대범하고 대대적인 암살이 자행될 것이라고 누가 감히 상상이나 할 수 있었을까? 또한 아버지의 장례식에서도 겉으로는 적의를 드러내지 않던 마이클이 그럴 것이라고는 아무도 짐작조차 못했던 것이다.

　근대 역사에서 가장 악명 높은 폭정을 저지른 독재자이자 공히 황제와 같은 지위를 누렸으며, 자신에게 조금이라도 위협이 되거나 마음에 들지 않으면 최측근 인사들까지 가차 없이 잔인하게 숙청했던 것으로 악명이 높았던 대표적인 인물로 구 소련의 스탈린과 중국의 모택동을 꼽는데 별 이견은 없을 것이다.

　이 두 사람은 여러모로 공통점이 많았는데, 그중 가장 특기할 만한 것이 바로 정적을 제거함에 있어서 그들이 보여준 치밀한 사전 작업이다. 다시 말해 정적으로 하여금 '괜한 걱정을 했다'라며 이제까지의 우려를 기우라 여기며 마음을 턱 놓고 안심하게 만들었던 뛰어난 기만책이었다.

　다음날 새벽이면 비밀경찰을 보내 아무것도 모른 채 자고 있는 잠자리에서 질질 끌어내어 쥐도 새도 모르게 인적이 드문 곳으로 데려가 처형해 버리고 말 사람을 모택동과 스탈린은 자신의 거처로 불러 따뜻하게 환대를 해 주었다고 한다. 게다가 자신의 변함없는 신뢰와 동지애, 그리고 그 간의 헌신에 대한 고마움까지 표시했다고 한다. 뜻밖의 환대와 굳건한 신뢰 관계를 확인한 정적은 혹시나 하고 염려하고 있던 숙청에 대한 근심 걱정이 봄 햇빛에 논 녹듯 사라져, 추호의 의심도 없이 한층 더 충성을 맹세하며 집으로 돌아와 오랜만에 달디 단 잠을 청한 것은 당연했다.

결국 마지막 도주할 기회, 모반의 기회를 순진하게 스스로 다 던져 버린 이들에게는 새벽이슬 속 차가운 총부리가 기다리고 있을 뿐이었다. 참으로 한 치의 방심이나 빈틈도 허용치 않은 용의주도한 폭군들의 놀라운 수완이다.

적에게 일격을 가하고 싶다면, 막강한 경쟁자와 경쟁제품을 확실하게 따돌리고 싶다면 쓸데없이 어쭙잖은 위협이나 자랑, 자극을 주지 말라. 오히려 상대에게 적이 아님을, 대적할 능력이 없음을, 경쟁에 관심이 없는 듯, 오히려 협력하고 도움을 구하는 듯 위장하여 방심을 유도하라. 아무리 막강한 전력도 일단 방심하면 의외로 무너뜨리기 쉽다고 하지 않는가?

반대로 평상시와 달리 유화 제스처로 접근해 오는 적을 경계하라. 그들이 원하는 것은 당신의 방심이고, 방심한 당신을 해치우는 것은 일도 아닐 수 있음을 기억하라.

평소에 다진 인맥으로
난국을 타개하고,
간접 경고로
상대를 압박하라

🎬 **제목** : 대부 2

🎬 **원제** : The Godfather Part II

🎬 **제작년도** : 1974년

🎬 **감독** : 프랜시스 포드 코폴라

🎬 **배우** : 로버트 드니로, 알 파치노, 로버트 듀발, 다이안 키튼, 존 카잘

〈대부〉 2편은 전작인 〈대부〉 1편의 중심인물인 비토 콜리오네가 시칠리아에서 혈혈단신으로 미국에 건너 와 뒷골목 노동자로 출발해 마피아의 보스인 돈 콜리오네가 되어 가는 이야기와 2대 대부인 마이클 콜리오네가 본거지를 라스베이거스로 옮기고 패밀리의 사업을 합법적인 사업으로 변모시키려 애쓰는 과정에서 일어나는 비극적인 가족사를 현재와 과거 장면을 번갈아 가며 보여 주고 있다.

자신을 제거하려는 음모에 맞서 냉정하고 치밀하기 그지없는 마이클과 인간적인 보스로 성장하는 과거의 비토 콜리오네의 대조, 그리고 그 누구도 믿을 수 없는 상황에서 고군분투하며 패밀리를 이끌어 가면서 혼자서만 삭혀야 하는 마이클의 인간적 고뇌를 밀도 있게 표현한 알 파치노의 내면 연기 또한 눈 여겨 볼만하다.

―――

평소에 다진 인맥으로 난국을 타개하라

영화의 중반, 마이클은 살인교사, 마약, 도박, 매춘, 불법 이권개입 등 수많은 범죄의 피의자 신분으로 의회 청문회장에 서게 된다. 본격적인 심문이 시작되기 전, 기소자 측에 앉아 있던 기어리 의원이 다른 일정을 핑계 대며 자리를 뜨기 전에 마이클을 두둔하는 발언을 한다.

기어리 의원 본 의원은 이탈리아계 미국 국민들이야말로 이 나라에서 그 누구보다도 신뢰할 만하며, 법을 엄수하며, 애국적이고, 근면 성실한 미국 시민이라고 서슴없이 말씀드릴 수 있습니다. 그들이야말로 바로 이 땅을 깨끗하게 지켜내는 소금이자 이 나라를 떠받치는 소중한 동냥들인 것입니다.

살인, 마약, 도박, 매춘, 이권 개입 등 온갖 잔혹 무도한 범죄로 기소될 상황에 놓인 악명 높은 마피아 두목의 범죄 사실을 밝히려는 청문회장과는 도무지 어울리지 않는 중진 상원의원의 도를 넘는 찬사. 엄단해야 할 범죄조직이 아니라 아무리 칭송해도 지나치지 않을 위대한 애국시민이라고 침을 튀기며 역설하는 이런 어처구니 없는 궤변을 듣고 어찌된 영문인지 몰라 당황해 하는 동료의원들.

몇 해 전, 기어리 의원은 마이클의 형인 프레도가 운영하는 비밀 살롱에서 콜걸과 하룻밤을 즐긴다. 그런데 그 다음날 아침, 깨어나 보니 옆자리에 그녀가 유혈이 낭자한 시체로 누워 있는 것이 아닌가. 게다가 도무지 기억이 없는 데, 그녀를 살해한 사람이 다름 아닌 자신이라는 이야기에 어쩔 줄 몰라 머리를 쥐어뜯는다. 상원의원으로서의 정치생명 뿐 아니라 모든 것을 잃고 나락으로 추락할 수 있는 절체절명의 상황이었다.

그때 콜리오네 패밀리의 법률고문이자 해결사인 톰 헤이근(로버트 듀발)이 찾아와 문제를 깔끔하게 처리해 준다. 절망의 나락에서 구세주처럼 자신을 구해준 톰에게 감격하는 기어리 의원에게 던지는 톰의 한마디가 왠지 여운으로 남는다.

톰 제가 도움이 될 수 있겠다 싶었습니다. 이번 일은 우정의 표시로 간직하죠.

사실 콜걸을 살해한 자는 다름 아닌 마이클의 수하였다. 사사건건 마이클의 사업에 제동을 걸어 오는 골칫거리였던 기어리 의원의 버릇을 고쳐주기 위해 꾸며 놓은 덫이었던 것이다. 기어리 의원도 이제는 어쩔 수 없이 또 한 명의 정치인 끄나풀로 전락하고 만 것이다.

흔히 인간관계가 중요하다고들 한다. 그리고 당신에게 가장 도움이 되는 인간관계의 성립은 타인에게 도움과 배려를 베풀었을 때 형성된다는 것을 경험으로 알고 있을 것이다.

필자가 모 그룹에서 해외투자사업 담당자로 근무할 때 들었던 이야기이다. 1990년대 초반 이제 막 문호를 개방하기 시작한 중국 시장에 진출하기 위해 가장 시급히 해결해야 할 문제는 다름 아닌 중국 고위층에 손이 닿는 국내 유력인사를 찾는 일이었다고 한다. 오랜 동안 공산주의를 경험한 탓에 자본주의에 대해 내심 경계심이 없지 않은 데다, 꽌시로 대변되는 중국인 특유의 까다로운 낯가림은 내로라하는 대기업의 거물급 인사라 하더라도 어지간해서는 선뜻 만나 주지도 않는 상황이었기 때문이다.

그러나 최초의 중국 예방에서 최고위급 당간부들과 별 어려움 없이 미팅이 이루어지고, 국빈급만 간다는 조어대 만찬에 초청되는 등 일은 일사천리로 진행되었으며, 이후 중국 정부의 적극적인 지원에 힘입어 중국 진출사업은 대단히 성공적으로 진척되었다고 한다.

어떻게 처음부터 이런 엄청나 성과가 가능했던 것일까? 여러 요인이 있겠지만 필자는 화교 출신의 한 임원 분의 집안과 오래 전 맺어진 중국의 고위층 일부와의 독특한 인연 덕분이 아니었나 생각한다. 오래전 미국으로 이민을 가서 일찌감치 정착하셨던 그 분의 한 친척이 만리타국인 미국으로 유학을 온 중국 고위 당간부들의 자제들을 현지에서 여러모로 따뜻하게 보살펴 주었다고 한다. 이들이 유학을 마치고 본국으로 귀국한 후 승승장구한 것은 당연지사. 오래전 베풀어 준 은인에 대한 감사와 보은의 마음은 은인의 가까운 친인척이었던 이 임원 분에게 중국 정부기관과 고위 관료들과의 순조로운 협조관계를 주선해 주게 된 것이었다.

호혜효과라는 말이 있다. 서로서로 신세를 갚는다는 이야기이다. 일단 일이 터진 다음에 도와 달라고 하면 늦는다. 그리고 나중에 무슨 일이 어떻게 일어나 누가 도움이 될지 알 수 없는 일이다. 그냥 매일의 만남을 소중히 생각하는 마음으로 상대를 배려하고 챙겨주면서 조금씩 우호적인 인연을 키워나가라. 인연을 소중히 여기는

221

당신, 성공 비즈니스는 당신의 것이다.

––––

간접 경고로 상대를 압박하라 : Indirect but shivering warning

콜리오네 패밀리의 실제 멤버로서 마이클을 기소할 수 있는 결정적 증언을 하기로 하고 청문회장에 들어서는 프랭키 펜탄젤리. 바야흐로 FBI의 숙원인 콜리오네 패밀리의 붕괴는 프랭키의 증언 한마디면 이루어진다. FBI의 신변보호를 믿고 기세등등한 프랭키. 그러나 마이클의 뒤를 따라 청문회장에 들어서는 한 시칠리아 촌로의 눈길과 마주치자 프랭키는 당혹감을 감추지 못한다. 시칠리아 산골에 틀어 박혀 있어야 할 프랭키의 친형이 온 것이다. 마이클의 옆자리에 나란히 앉아 원망 어린 눈길로 자신을 뚫어지게 쳐다보는 프랭키의 형.

삼엄한 경계망 때문에 프랭키를 제거하는 것은 불가능한 상황. 백척간두의 위기 상황에서 마이클이 찾은 해결책은 바로 프랭키의 친형을 그의 눈앞에 데려다 놓는 것이었다. 함부로 입을 놀리면 형을 가만두지 않겠다는 프랭키를 향한 무언의 협박인 것이다. 마침내 마이클을 기소하려는 청문회가 시작되고 검사가 프랭키에게 마피아와 대부인 마이클 콜리오네의 죄목에 대해 증언하라고 한다.

프랭키 나는 대부에 대해 아는 게 아무것도 없소.

프랭키의 급변한 태도에 청문회장은 술렁이기 시작하고, 당황한 검사측은 증언을 번복하는 프랭키를 다그치기 시작한다.

위원장 펜탄젤리 씨, 당신은 지금 자신의 법정 진술을 번복하고 있습니다. 다시 한번 묻겠습니다. 당신은 마이클 콜리오네가 두목으로 있던 범죄 조직의 일원이었던 적이 단 한 번이라도 있었습니까?

프랭키 무슨 얘길 하는지 도통 모르겠군요. 나는 FBI가 시키는 대로 마이클 콜리오네에 대해 얘기를 꾸며냈을 뿐이요. 내가 한 말은 죄다 거짓말이요. 전부 다!

223

결국 프랭키의 결정적인 증언 번복으로 마이클은 기소되지 않고 무사히 풀려난다.

마이클의 옆자리에 나란히 앉아 원망어린 눈길로 자신을 뚫어지게 쳐다보는 프랭키의 형이 말없이 프랭키에게 던지는 메시지는 단순하고 분명하다.

'네 입을 잘못 놀리면 나나 가족들은 다 죽는다. 알지? 아무 소리 하지 말고 입 다물어라, 제발.'

중국의 고전인 36계에 지상매괴(指桑罵槐)라는 말이 있다. 풀이하면 '뽕나무를 가리키며 홰나무 욕을 한다'라는 뜻이다. 정작 매 맞을 사람은 따로 있는 데 엉뚱한 사람을 야단친다는 말이다. 눈치가 있으면 알아서 처신하라는 메시지를 간접적으로 던지는 셈이다.

자금이나 시간 압박 등을 노골적으로 행사하면 자칫 상대의 강력한 반발을 야기할 수 있다. 물론 상황에 따라 더 이상 머뭇거릴 여유가 없는 경우에는 초기부터 강한 압박을 통해 상대의 양보나 타협을 이끌어 내야겠지만 가급적 한번 보고 말 상대가 아니라면 지나치게 부정적이고 고압적인 표현은 피하는 것이 좋다.

그 대신 자신의 역량이나 입장에 맞지 않는 지나친 요구나 양보를 강요할 경우 자칫 감당하지 못할 막대한 손실이나 피해를 자초할 수 있음을 상대에게 넌지시 일깨워 주는 전략이 필요하다.

예를 들어 상대 업체를 압박할 때 어떤 업체가 지나친 가격인상 요구를 했다가 거래 자체가 끊겼다든지, 시설 지원 대상에서 제외되었다든지, 하다못해 미운 털이 박혀 아직도 여러모로 고생하고 있다든지 하는 이야기를 넌지시 들려주거나 제3자를 통해 듣게 만드는 것이다. 한 마디로 상대방에게 소탐대실(小貪大失)의 우를 범하지 말라는 메시지를 던지는 전략이다.

아랍인과의 비즈니스 협상전략 :
성공하고 싶으면 친구가 되라

🎥 **제목** : 바디 오브 라이즈

🎥 **원제** : Body of Lies

🎥 **제작년도** : 2008년

🎥 **감독** : 리들리 스콧

🎥 **배우** : 레오나르도 디카프리오, 러셀 크로우, 마크 스트롱, 골쉬프테 파라하니, 캐리스 밴허슨,
오스카 아이삭

제2차 세계대전 당시, 연합군보다는 독일과 가까웠던 중립국 스페인 해안에 영국군 장교의 사체가 떠 밀려온다. 사체에서 연합군의 상륙지점이 적혀 있는 비밀전문을 발견한 스페인은 이것을 독일군에게 즉각 전달한다. 독일군은 전문에 적혀 있는 지점으로 대대적인 병력 이동을 시행하여 연합군의 상륙작전에 대비한다. 그러나 얼마 후, 연합군이 실제로 상륙작전을 감행한 곳은 전문의 내용과 달리 이탈리아 남부의 시칠리아였고, 연합군은 독일군이 자리를 비운 이탈리아를 빠른 속도로 점령해간다. 그 사체는 속임수였던 것이다. 바로 이 영화의 제목인 〈바디 오브 라이즈(Body of lise)〉의 기원이다.

워싱턴 포스트의 칼럼니스트로서 중동에서 30년 동안 근무하며 축적한 해박한 현지 지식을 갖고 있던 데이비드 이그나티어스가 이 이야기에 영감을 받아 2007년도에 출간한 소설이 《바디 오브 라이즈》이다.

9·11 사건 이후 테러에 대한 극도의 패닉 상태에 빠진 초강대국 미국, 그리고 원유공급망을 장악하려는 군사외교 전략과 맞물린 상황에서 어떻게든 철저하게 박멸해 버리고 싶은 대표적 이슬람 무장

테러집단인 알 카에다를 소재로 한 영화이다.

상대의 속성을 제대로 파악하고 접근하라

CIA의 대테러 전문 비밀요원 로저 페리스(레오나르도 디캐프리오)는 최근 네덜란드에서 발생한 폭탄테러 사건의 배후를 캐기 위해 요르단의 수도인 암만에 있는 CIA지국에 대테러 책임자로 부임한다. 알 카에다 조직의 주요인물인 알 살림이 현재 암만에 은신하고 있다는 정보를 얻은 페리스는 CIA 본부의 대테러 책임자인 에드 호프먼(러셀 크로우)의 지시하에 작전을 진행한다. 페리스는 암만의 신임 요르단 CIA지국장으로서 중동지역 최고의 첩보기관인 요르단 정보국 무카라바트의 하니 살람 국장과의 면담을 위해 무카라바트 본부를 방문한다. 말쑥하고 세련된, 그러나 귀족풍의 정보국장 하니가 여유롭게 파티오에 앉아 페리스를 기다리고 있다.

> 페리스 (정중히 고개를 숙이며) 하니 파샤(오스만튀르크 제국시대 최고위
>   관직자를 부르던 극존칭)!
> 하니 (내심 CIA 지국장의 입으로 파샤라는 호칭을 듣는 것에 기분이 나쁘지
>   는 않으나 너스레를 떤다) 파샤? 요즘엔 안 쓰는 호칭인데.
> 페리스 파샤란 호칭을 좋아하신다고 들었습니다.
> 하니 (정중하고 호의적으로) 페리스 씨, 앉으시죠. 환영합니다. … 유태
>   인, 기독교인과 손잡지 마라. 들어 봤소? (그리고는 아랍어로 코란

한 구절을 읊조린다)

페리스 (하니를 응시하며 유창한 아랍어로 코란의 한 구절을 암송한다) 그
들과 손잡는 자 그들처럼 되리라.

하니 (감탄하며) 코란을 아는군, 대단해.

페리 (이 정도면 됐다고 판단하며) 국장님과 저희는 한 배를 탔습니다.

하니 다른 미국 요원들보단 영리한 친구군.

페리스 감사합니다.

하니 자네가 오기 전부터 알았지만…, 자넨 젊지만 연장자를 존중하
고, 아랍어를 구사하고, 자네는 아랍사람이나 진배없어.

면접은 끝났다. 페리스가 처음 무카라바트 본부에 들어 올 때만
해도, 아랍인을 무시하는 오만불손하고 밥맛없는 미국 CIA정보원
이었으나, 이제 요르단 정보부 수장의 마음에 쏙 든 것이다. 비즈니
스가 잘 되어야 친구가 된다는 서구식 방식이 아닌 친구가 되면 비
즈니스는 절로 된다는 아랍문화를 알고 있는 페리스가 안도의 한숨
을 내쉰다.

페리스처럼 "그들과 손잡는 자 그들처럼 되리라"라는 코란 구절
을 암송하여 아랍 문화에 대해 깊은 이해를 보이는 것은 아랍인들
에게 상당히 긍정적인 이미지를 심어줄 수 있다. 더욱이 9·11 사
건으로 아랍인에 대한 혐오범죄가 급증하는 상황에서 페리스의 친
아랍성향은 상대로 하여금 적대감을 풀고 호감을 갖게 하는 좋은
방법이다.

첫인상을 중요시하는 아랍인과의 첫 미팅에서 상대를 예우하고 공감대를 형성하는 것은 필수이다. 더 나아가서 "자네가 오기 전부터 알았지만…, 자넨 젊지만 연장자를 존중하고, 아랍어를 구사하고, 자네는 아랍사람이나 진배없어"라는 하니의 대사에서 엿볼 수 있듯이 아랍인들처럼 외국인에 대한 호불호가 뚜렷한 사람들도 드물다. 특히 자신이 왕족이거나 고위관료이거나 성공한 사업가일 경우(사실 아랍에서는 이 세 가지 프로필을 한꺼번에 가지는 경우가 흔하다.) 그러한 낯가림은 더더욱 심해진다.

일례로 사우디아라비아에는 약 4천명의 왕자들이 있다고 하며, 이들은 또 다시 세부적인 신분등급으로 구분되어, 각자의 신분과 역량에 따라 정부와 주요기관의 요직을 차지하고 각종 비즈니스 이권에 깊이 개입하고 있는 것으로 알려져 있다.

따라서 어떤 나라의 어떤 기업인지, 어느 정도의 사업규모인지에 따라 만날 수 있는 왕자나 유력인사가 정해진다는 것이다. 그러기에 많은 기업들이 가급적 최고위 신분의 왕자나 유력인사에게 연줄을 대기 위해 동분서주하고 있다.

그러나 그렇게 어렵사리 유력인사를 만난 것만으로 안심하기에는 이르다. 이제 그 사람의 마음에 들도록, 아니 더 나아가서 그 유력인사의 마음에 쏙 들어 더 상위의 유력인사들에게까지 연줄을 놓아 줄만큼 초기 관계 수립에 만전을 기해야 나중에 후회하는 일이 없을 것이다.

그러기 위해서는 겸양이 미덕이라는 한국적 정서를 잠깐 내려놓을 필요가 있다. 우선 자기 자신에 대한 사회적 지위와 파워인맥을 돋보이게 할 수 있는 자기소개 멘트를 사전에 꼼꼼히 준비할 필요가 있다. 아랍인들은 첫 만남에서 자신의 지위와 성공담을 풀어 놓는 데 전혀 주저 하지 않는다. 또한 그들의 입에서 나오는 주요 유력인사들과의 밀접한 관계에 대한 이야기까지 꼼꼼히 새겨 둘 필요가 있다. 왜냐하면 아랍에서 비즈니스에 성공하려면 바로 그런 사람들의 도움이 이래저래 필요하기 때문이다. 그들의 자기자랑이 끝나면 이제 당신 차례이다.

낯간지럽더라도 가문, 인맥, 지위, 사회적 성공 등을 상세하고 구체적으로 언급하여, 그들과의 개인적인 친분관계를 맺는데 있어 결코 부족하지 않음을 증명해야 한다. 한마디로 격에 맞는 친구로서 손색이 없음을 확신시켜주어야 한다. 특히 한국 내 인맥도 중요하지만 미국 등 선진국 주요 인사들과의 친분관계 표시는 대단히 매력적으로 비쳐질 수 있다.

그러나 주의할 것은 과거에는 가진 것도 없었고 사회적 지위도 변변찮았으나 고생 고생해서 지금은 이렇게 성공했다는 이야기, 즉 자수성가 이야기는 가급적 하지 말아야 한다. 다른 이유가 아니라 아랍인들은 상류층인 자신과 자리를 마주하고 있는 사람이 이제 보니 빈천한 신분출신임을 알게 될 때, 상당히 당황하고 심지어 불쾌하게 생각한다는 것이다. 신분계급이 분명한 그들로서는 애당초 다른 신분의 사람을 만난다는 것 자체가 체면이 깎이는, 누가 알까 두려운 사회적 금기인 까닭이다.

한편, 상대 아랍인의 취미를 알아 두는 것도 의외로 적잖은 도움이 될 수 있다. 일례로 중동지역의 대형 건설사업 수주로 고민하던

협상은 영화처럼 영화는 협상처럼

고 정주영 회장의 눈에 창공을 쏜살 같이 날아가는 매 한 마리가 눈에 들어 왔다. 그 순간 아랍의 귀족들이 매사냥을 즐긴다는 이야기가 떠올랐고, 매 중에서 가장 우수한 품종으로 이름 높은 우리나라의 송골매를 잡아 선물로 주어 현지 건설사업 건을 따내는 데 큰 도움을 얻어 낸 적이 있다고 하니 유념해 볼 만하다.

아랍인과의 비즈니스에서 성공하고 싶은가? 그렇다면 우선 아랍인의 마음을 사로잡도록 힘써라. 그리고 비즈니스를 너무 서두르지 마라. 비즈니스가 잘 되어야 친구가 된다는 서구식 방식이 아닌 '친구가 되면 비즈니스는 절로 된다'는 그곳이 바로 아랍사회임을 기억하자.

여러 사람 앞에서 아랍인의 체면을 구기지 말라

거듭되는 알 카에다 내부 침투 작전의 실패로 침울해 있는 페리스의 숙소로 이른 아침 불쑥 찾아 온 하니 국장. 낚시나 하자며 페리스를 자신의 차에 태우고 다른 부하들의 차량들과 함께 모래 바람을 일으키며 암만 외곽에 있는 사막으로 질주한다.

하니 (페리스를 바라보며 의미심장하게) 페리스, 오늘 한 수 배워봐.

사막 한가운데에는 암만에 거점을 둔 알카에다 지부의 하부 조직원인 카라미가 두건을 뒤집어 쓰고 하니의 부하들에게 둘러싸인

233

채 무릎을 꿇고 앉아 있다. 카라미의 두건을 벗기더니 자신의 휴대폰을 건네는 하니. 어머니의 흥분한 목소리가 새어 나오는 하니의 휴대폰을 귀에 갖다 대는 카라미는 아직도 무슨 영문인지 몰라 어리둥절해 하다 아랍어로 모친과 통화하기 시작한다.

> 하니 (카라미가 통화하는 모습을 지켜보며) 카라미의 모친은 팔레스타인 난민수용소에서 모진 고생 속에 살아왔지. 그러나 이젠 멋진 정원이 딸린 근사한 아파트가 생겼어. 냉장고, 소파, 텔레비전까지 없는 게 없어. 그녀는 아들인 카라미가 너무 대견하다고 얘기할 걸세. 카라미가 언젠가는 이렇게 크게 성공할 줄 알고 있었다며 말이야.

통화가 끝난 카라미가 꿇어앉은 채, 하니의 바짓가랑이를 부여잡고 고마움에 몸 둘 바를 몰라 한다. 카라미를 따뜻하게 일으켜 세우는 하니.

> 카라미 제가 어떡하면 되겠습니까?
> 하니 자넨 그저 신실한 무슬림이 되어줘. 그리고 알카에다의 네 형제들과 이전처럼 계속 잘 지내주기만 하면 돼.

CIA가 각종 최첨단 장비를 동원하고 막대한 자금을 쏟아 부어도 결코 알아 내지 못했던 알 카에다의 국제테러 우두머리인 알 살림의 행방에 대한 정보를 알려줄 소중한 내부정보원이 하니가 던져 놓은 몇 푼 안 되는 집 한 채와 텔레비전 한 세트라는 미끼에 걸려

정말 감사합니다.
제가 무엇을 해드리면 되나요.

든 것이다.

CIA의 주요 메뉴인 살해협박도 몸서리치는 고문도 아닌, 어머니와의 전화 한 통에 감지덕지하며 은혜를 갚겠다고 충성을 맹세할 만큼 어이없을 정도로 손쉽게 첩자를 포섭하는 하니의 수완에 페리스는 할 말을 잃는다.

그에 반해, 결례도 유만부덕이지 양복도 제대로 입지 않고 집에서 입던 평상복 차림 그대로 남의 나라 정보국장실에 들이닥쳐서는 자신의 부하들이 지켜보는 가운데 "미국이 주는 돈푼에 기대어 살아가는 주제에 잔말 말고 내 말대로 해"라고 윽박지르는 CIA본부 중동책임자 에드 호프먼의 오만불손한 태도가 극명히 대비된다.

결국 부하들 앞에서 자신의 체면을 무참히 짓밟은 대가로 에드 호프먼의 CIA를 물 먹이고, 자신을 그토록 따르는 페리스마저 미끼로 이용해 알 살림이라는 거물을 단독 체포하는 쾌거를 올리고 통쾌해 하는 하니. 이곳이 아랍이다.

언젠가 하니가 들려주었던 말이 갑자기 페리스의 뇌리를 날카롭게 스쳐간다. "이곳 중동에서는 우정이 관건이야. 우정은 당신 생명도 살릴 수 있어." 아랍인과의 거래에서 항상 명심할 것은 당연한 권리라 할지라도 마치 아랍인의 크나큰 호의와 관대한 은혜 덕분에 받는 호의처럼 표현하는 것이다.

아랍인들은 상황에 몰리거나 상대의 압박에 밀려서 어쩔 수 없이 상대의 요구를 들어줄 수밖에 없는 처지에 놓이고 주변 사람들에게 이러한 상황이 드러나는 것을 극도로 싫어한다. 한마디로 자신의 체면이 공개적으로 구겨지는 것을 결코 용납 못하는 사람들인 것이다.

그리고 이러한 망신을 준 상대를 결코 용서하지 않는다는 것을 기억할 필요가 있다. 특히, 응당 자신이 요구할 법적·계약적 권리가 있다 하더라도 언제나 아랍인의 자존심과 체면이 구겨지지 않도록 언행에 각별히 주의할 필요가 있다.

이슬람 전통 복장과 언행을 지키지 않아 자신과 가족의 명예를 손상시켰다 하여 뉴욕 한복판에서 아내를 직접 참수했다는 엽기적인 뉴스를 얼마 전에도 접한 바 있다. 당신의 당연한 권리일지라도 너무 드러내거나 내세우지 말고 오히려 마치 아랍인이 당신에게 호의를 베풀어 주는 것처럼 표현하고 상황을 연출하라. 세련된 배려를 베푸는 당신은 아랍인들에게 깊은 호감을 불러일으킬 것이다.

또한, 자신의 메시지를 중심으로 간단명료하고 형식을 그다지 중요시 하지 않는 일반적인 미국식 이메일 작성법은 자칫 무례한 결례로 비쳐져 예법을 중요시하는 상류층 아랍인들의 심기를 불편하게 할 수 있다. 구태의연하다 싶을 정도로 깍듯한 인사치레와 격조 있는 형식을 중요시하던 옛 우리나라의 전통 서식법이 오히려 아랍인들에게 호감과 동조를 이끌어 냄을 기억할 필요가 있다.

이후 영화에서 하니와 페리스 요원은 짐짓 협력 모드로 공동 작전을 수행한다. 그러나 CIA 중동국장 에드 호프먼과 하니의 주도권 암투 속에서 페리스 요원의 탈레반 기지 기습 작전은 한 치 앞도 예측할 수 없는 긴박한 상황으로 치닫는다. 그러나 결국 최종 승자인 하니의 압승으로 마무리되고, 페리스는 CIA를 떠난다.

21

이길 수 없는 적은
우선 친구로 만들어라

🎥 **제목** : 슬럼독 밀리어네어

🎥 **원제** : Slumdog Millionaire

🎥 **제작년도** : 2008년

🎥 **감독** : 대니 보일

🎥 **배우** : 데브 파텔, 이르판 칸, 아닐 카푸르, 마두르 미탈, 프리다 핀토

신분 간의 차별이 엄격한 인도의 뭄바이 빈민가에서 최하층 극빈자이자 천애고아로서 지금껏 갖은 멸시와 천대를 받고 자란 18세 소년 자말 말릭(데브 파텔). 거액의 상금이 걸려 있는 '누가 백만장자가 되고 싶은가'라는 인도 최고의 퀴즈쇼에 참가하여 파란을 일으킨다. 일자무식의 빈민가 소년이 교수, 의사, 변호사 등 쟁쟁한 엘리트들도 실패한 최종 라운드에 오르는 기염을 토한 것이다. 이 방송을 지켜보고 있는 뭄바이뿐 아니라 인도 전역의 시청자들은 과연 이 소년이 최종 문제까지 맞혀 2천만 루피의 상금을 받을 것인가로 들끓게 된다.

그러나 자말이 그토록 어려운 퀴즈들에 대한 답을 알 수 있었던 것은 바로 일반인들은 상상조차 할 수 없을 정도로 비참하고 고단했던 자말의 과거 때문이라는 것을 사람들은 짐작도 못한다.

협상은 영화처럼 영화는 협상처럼

공감대를 형성하여 신뢰부터 확보하라

: Build solid common ground and get credibility

새로운 퀴즈 문제가 제시될 때마다 자말은 돌이키기도 싫은 지난 과거의 장면이 불현듯 떠오르고, 우연인지 필연인지 기억의 편린 속에 문제의 정답이 깃들어 있었던 것이다. 어머니가 눈앞에서 잔인하게 살해되는 장면을 떠올리며 한 문제를 맞히고, 앵벌이 조직에 붙잡혀 가서 구걸할 때 부르라고 배운 노랫가락 덕분에 또 한 문제를 맞히고…, 그러나 이런 사정을 알 리 없는 시청자들은 자말의 놀라운 실력에 넋을 놓는다. 그리고 예선 최종 문제가 자말에게 주어진다.

크리켓 역사상 퍼스트 클래스에서 100을 가장 많이 낸 선수는?

A. 사친 텐둘까   B. 리키 폰팅

C. 마이클 슬레이터   D. 잭 홉스

이제 정말 모르는 문제가 나왔다. 고민하는 자말. 그 순간 광고 시간임을 알리는 벨소리가 울린다. 광고가 나가는 사이 소변을 보러 화장실에 들어 온 사회자 프렘은 자말이 화장실 안에 있다는 것을 알고 이야기를 시작한다.

프렘 (소변을 보며 자말에게 말을 건넨다) 빈민가 출신이 하룻밤 새 백만

장자가 됐군. 과거엔 누가 그랬는지 아나? 바로 나야. (감회에 사
로잡히며) 그 기분을 잘 알지. 심정이 어떨지 이해해.

자말 전 백만장자가 될 수 없어요. 답을 몰라요.

프렘 그래 놓고 아까 맞혔잖아.

자말 아뇨, 이번엔 정말 달라요.

프렘 이미 퀴즈는 시작되었고 상금도 찢은 마당에 도망갈 순 없잖나.
(거울에 김이 서릴 정도로 뜨거운 물에 손을 씻으며) 역사를 만들어 봐.

자말 달리 방법이 없겠죠.

프렘 그게 운명인지도 몰라. (의미심장하게) 난 왠지 자네가 또 맞힐 것
같은데. 날 믿어, 자말. 또 맞힐 테니까.

프렘이 화장실에서 나가는 소리가 들리고, 자말도 화장실 칸에
서 나와 손을 씻으러 거울 앞으로 다가선다. 어떻게 해야 하나 고민
하며 손을 다 씻고 뒤돌아서려는 순간 김 서린 거울에 손가락으로
쓰인 B라는 글씨가 눈에 띈다. 프렘이 써 놓은 것이다. 답은 B라고.
천만 루피가 걸린 문제의 답이 B라고 알려 준 것이다. 빈민가 출신
고아로서는 꿈도 꿀 수 없는 거액이다. 한 마디로 인생역전을 이루
어 줄 수 있는 엄청난 상금을 안겨줄 답이 바로 B라고 말이다.

방송시작 20초전. 예비조명만 켜진 어둑어둑한 스튜디오에 먼저
들어와 자리에 앉아 기다리던 프렘은 잠시 후에 자신을 뒤따라 들
어와 자리에 앉는 자말에게 나지막이 속삭인다.

프렘 그대로만 하면 앞으로 3분만 지나면 너도 나처럼 유명해질 거야.

나만큼 부자가 되고, 거의 비슷하게. 쓰레기에서 귀족으로.

결정적인 정답을 알려준 프렘. 그러나 프렘의 호의가 석연치 않게 느껴지는 것은 왜일까? 요란한 시그널 음악과 관객의 환호 속에 다시 방송은 시작되고, 자말은 과연 프렘이 알려 준 B를 선택할 것인가?

신분계층의 구분이 엄격하며 그에 따른 사회경제적 환경이 태생적으로 운명 지어지는 인도에서 프렘 역시도 자말과 마찬가지로 뭄바이 외곽의 쓰레기장을 뒹굴던 최하층 빈민가 출신(슬럼독, Slumdog)이었으며, 퀴즈쇼에서 우승하면서 기적적으로 인생역전에 성공했던 당사자라는 사실은 자말에게 감성적으로나 현실적으로 강한 연대감을 느끼게 한다. 더 나아가 프렘이야말로 자신을 가장 잘 이해할 수 있는 유일한 사람일뿐 아니라, 믿고 의지할 수 있는 사람이라는 생각을 갖게 만들 수 있다. 한마디로 자말은 프렘에게 강하게 끌릴 수밖에 없는 것이다.

협상분야의 거두인 영국의 래캠(Rackham) 박사의 연구에 따르면 협상을 잘하는 사람과 못하는 사람의 대표적인 차이점 가운데 하나가 바로 이러한 공감대 형성 역량이라고 한다. 협상을 잘하는 사람이 못하는 사람보다 실제 협상에서 4배나 더 많은 시간과 수고를 들여서 강력한 공감대 수립에 애쓰는 반면, 협상을 잘 못하는 사람일수록 공감대 수립은 무시하고 곧장 협상의 본론으로 들어가는 경향이 강하다는 것이다.

협상 초기에 상대와 강한 공감대, 동질감, 유대를 형성하면 협상

은 이전과 전혀 다른 국면으로 접어들게 된다. 왜냐하면 강한 유대
감과 공감대를 느끼는 상대는 다음과 같은 태도의 변화를 보이게
되기 때문이다.

우선, 이전의 공격적이고 비협력적이며 배타적인 태도에서 우호
적이고 협력적이며 옹호적인 태도와 입장의 변화를 보이게 되어 대
결적 협상이 아닌 협력적 협상 모드로 전환하게 된다.

또한 이제껏 서로가 주고받은 정보가 사전에 검열된 제한적이고 선별적이며 기만적인 것이었다면, 이제부터는 상대에게 왜곡이나 축소, 과장된 정보를 제공하는 것에 대해 심리적인 압박이나 양심의 가책을 느끼게 된다. 더 나아가 더 이상 적대시해야 할 적이나 남이 아니기에 오히려 모르면 가르쳐 주고, 실수하면 고쳐 주고, 미숙하면 배려하고 챙겨주어야 할 대상으로 인식하게 된다.

도와주지는 못할망정 해코지를 해서는 안 되겠다는 심리적 위축, 즉 최소한 지나치게 압박하거나 기만하거나 하는 비윤리적인 협상 전략을 구사하는 등의 부당한 처사를 스스로 자제하도록 유도할 수 있다.

정리하자면 협상 초기에 정도의 차이는 있겠지만 협상 참여자의 긴장(Tension)과 불안(Anxiety), 그리고 상대측에 대한 불신(Distrust), 즉 'TAND 상황'을 'REXT 상황'으로 바꾸어 부정적인 적이 아닌 긍정적인 협력자 관계를 수립하는 데 가장 효과적인 방법이 바로 공감대 형성이다. 간단히 도식으로 나타내면 아래와 같다.

- 긴장(Tension) → 편안함과 여유(Easy and Relaxed)
- 걱정과 우려(Anxiety) → 기대와 확신(Expectation & Confidence)
- 불신(Distrust) → 신뢰(Trust & Credibility)

그러나 이러한 공감대가 초기에 적절히 형성되지 않은 상황에서 협상이 진행되는 경우 과도하거나 빈번하게 충돌이 발생하여, 충분히 합의할 수 있는 사안이나 상황임에도 불구하고 불신감과 적대감의 팽배로 인해 적정한 합의에 도달하기가 어려워진다. 결국 시간,

비용, 그리고 기회의 손실을 초래해 진정으로 효율적인 윈윈(Win-win) 협상을 저해하게 된다.

또한, 과도한 비용과 손실 발생의 책임을 상대방에게 전가하게 되어 건전한 관계 수립 및 증진을 해침으로써 자칫 추후 협상에서 난항을 거듭하게 될 수도 있으니 결코 소홀히 해서는 안 되는 부분이다.

섣부른 협상을 남발하지 말고, 상대의 마음부터 빼앗아라!

: Empathy, irrational but irrecusably psychological temptation

사회자가 가르쳐준 B를 정답으로 선택할지 고민하는 자말. 그토록 믿었던 친형 살림마저도 자신을 속이고 버렸던 때문일까, 아니면 결코 타인을 함부로 믿어서는 안 된다는 것을 너무도 뼈저리게 새길 수밖에 없었던 그가 살아 온 그 험악한 인생 때문이었을까? 자말은 정답으로 D를 선택한다. 그리고 그것이 정답이었다. 자말을 탈락시키기 위해 온갖 감언이설로 꼬드겼으나 결국 실패한 사회자 프렘 쿠마의 두 눈이 카메라의 렌즈를 피해 이글거린다.

애초 일자무식인 빈민가 고아 소년이 그 어려운 문제들의 답을 정확히 맞출 수 있다는 것은 사기라고 단정 짓는, 아니 어쩌면 사기라고 믿고 싶어 하는 퀴즈쇼 진행자 프렘 쿠마. 최고 인기 퀴즈쇼 진행자로서 만끽했던 자신의 인기와 위상을 보잘 것 없는 한 빈민가 고아 녀석에게 하룻밤 새 빼앗겨 버렸다는 상실감은 그로 하여금 사악한 흉계를 꾸미게 만든다.

다음날 최종 문제 방송을 앞두고 방송국을 나서는 자말을 영장도 없이 경찰에게 넘겨 조직적 사기행각임을 자백하도록, 그래서 이 퀴즈쇼의 주인공은 여전히 자말이 아니라 프렘 쿠마임을 확실히 보여주려는 속셈이었다.

영문도 모른 채 경찰서로 끌려 온 자말은 밤새 갖은 구타와 전기 고문까지 당하지만 끝까지 자신의 결백을 굽히지 않는다. 아침이 되자 본격적인 취조를 위해 이판 형사(이판 콴)가 등장하고, 사기가 아니라면 어떻게 그 모든 답들을 정확히 알고 있었느냐에 대한 심문이 시작된다. 영화는 한 문제 한 문제마다, 어젯밤의 퀴즈쇼 진행 장면과 그 문제들의 답을 알 수밖에 없었던 자말과 그의 형 살림(마다하 미탈), 그리고 그가 퀴즈쇼에 나올 수밖에 없도록 만든 연인 라티카(프리다 핀토) 등 세 사람의 어린 시절부터 지금까지의 가슴 시리고 참혹했던 삶의 이야기 속 실마리들을 절묘하게 매칭시키며 진행된다.

> 형사 이판 재밌어. 돈엔 관심이 없어 보이거든. 백 달러에 얽힌 얘기를 해봐.

자말의 이야기를 들으면 들을수록 자신도 모르게 점점 빨려 들어가는 것을 느끼는 이판 형사. 동시에 너무나도 가혹한 현실 속에서 이제껏 살아남은 자말에 대한 연민의 감정 역시 떨칠 수가 없다. 모든 이야기를 다 듣고 나자, 처음 자말에게 가졌던 혐의 의혹은 어느덧 사라지고 이제는 연민의 정이 가슴 속에 자리 잡고 있음을 느낀다.

> 형사 이판 말릭 씨, 당신은 거짓말을 하지 않은 것이 확실합니다. 지나치게 솔직하시군요. 끝났습니다. 가보시죠.

흔히들 협상은 대단히 이성적이고 객관적이며 사실적이고 논리적이기에 비이성적인 감정이 협상 과정과 결과에 별 다른 영향을 끼칠 수 없다고 생각한다. 그렇기 때문에 감정적 협상전략에 대해 다소 무관심하거나 간과하는 경향이 있다. 하지만 자말의 솔직한 삶의 이야기가 이판 형사의 감정을 자극한 것처럼 협상도 사람이 하는 것이며 사람은 이성적인 것만큼 감정적인 존재라는 것을 기억할 필요가 있다.

미국의 저명한 심리학자인 헨드슨 박사는 협상 상대의 가슴 속에 숨겨진 열정과 가치관 혹은 개인적인 옳고 그름의 판단기준에 적절히 호소하여 그 사람의 마음을 송두리째 빼앗을 정도로 효과적으로 이용할 수 있다면, 감정은 협상에서 또 하나의 파워의 원천이 될 수 있다고 피력했다.

상대의 눈물샘을 자극하라. 누구나 살아오면서 가슴 아픈 기억 하나 없는 사람은 없을 것이다. 가난했던 어린 시절, 고생하시던 부모님, 냉혹한 현실에 부딪히고 깨져 어쩔 수 없이 겪어야만 했던 쓰라린 실패와 좌절의 순간들, 사업 초기 자금난으로 속이 까맣게 타들어 가던 시절에 고생하던 가족과 직원들의 기억 등 이루 다 헤아릴 수 없다.

바로 그런 아득히 잊고 있던 가슴 시린 기억들을 일깨워 불현듯 가슴이 쓰려오며 눈시울이 뜨거워지게 하든가, 아니면 일방적이고 가혹한 규정과 부당하고 불의한 처사에 맥없이 당하고 상처받게 될 당신을 모른 체하며 외면해서는 안 된다는 의협심을 불러 일으켜 당신을 두둔하고 실질적인 도움을 줄 수 있도록 심리적인 자극점을 직간접적으로 모색하는 것이 핵심이다. 한 마디로 상대의 마음을 빼앗아 버리는 것이다. 당신에게 마음을 빼앗긴 상대는 더 이상 해를 끼칠 수 없을 뿐 아니라, 이제 당신을 위해서라면 어떠한 수고와 희생이라도 기꺼이 감수할 것이다.

그리고 그 목표 대상은 가능한 한 상대측의 최고결정권자나 적어도 측근 실세여야만 제대로 된 실효를 거둘 수 있다. 따라서 주요 인물들에 대한 최근 동향이나 개인사를 사전에 꼼꼼히 확인하는 일을 귀찮아하지 않기를 바란다.

작은 키와 볼품없는 용모, 게다가 프랑스의 점령지인 코르시카 섬 출신이라는 장애를 극복하고, 프랑스의 황제가 되고 유럽을 제패한 보나파르트 나폴레옹. 그는 '감정이란 어떤 상대를 내가 원하는 방향으로 유도하는 데 있어 가장 영리한 방법이다'라고 일지에 적어 놓았다고 한다. 협상에서 성공하고 싶은가? 그렇다면 상대의 마음부터 빼앗아야 하지 않을까?

마침내 퀴즈왕에 등극한 자말. 말 그대로 인생역전을 가져다 줄 엄청난 상금보다도 퀴즈쇼를 통해 보여준 자말의 진실한 사랑을 확인하고 기쁘게 재회하는 두 젊은 연인의 재회가 싱그럽다.

영화에 출연하여 깜찍하고 리얼한 연기를 펼친 몇몇 슬럼독 출신 아역 배우들이 영화배우로 더 나은 인생의 문을 열어 가기를 바라던 세계인들의 바람과는 달리, 다시 슬럼독으로 돌아갔다는 뉴스가 전해져 많은 사람들의 마음을 아프게 했다. 영화의 배경이 된 인도의 뭄바이 뿐 아니라, 인종갈등, 종교분쟁, 빈부의 양극화란 참혹한 현실 속에 힘없이 내팽개쳐진 채, 인간으로서의 기본적 존엄성마저 유린당하고 살아가는 전 세계의 소중한 어린이들을 생각하는 영화로 기억되었으면 하는 바람이다.

22

솔깃한 제안으로
욕심에 눈멀게 하라

❋ **제목** : 뱅크잡

❋ **원제** : The Bank Job

❋ **제작년도** : 2008년

❋ **감독** : 로저 도널드슨

❋ **배우** : 제이슨 스테이넘, 섀프론 버로즈, 대니얼 메이스, 스티븐 캠벨 무어, 제임스 펄크너,
리처드 린턴, 데이빗 서칫

1971년에 런던에서 실제로 일어났던 전대미문의 은행털이 사건을 배경으로 제작된 범죄스릴러 영화인 〈뱅크잡〉. 단순한 은행 강도 사건이 아니라, 생전 뛰어난 미모와 연애행각으로 잦은 구설수에 오르는 등 영국 왕실의 스캔들 메이커였던 마거릿 공주의 섹스 스캔들 사건도 영화의 주 소재로 삼았다. 왕실을 보호하기 위한 영국 정보국 MI5가 배후 조종한 은행털이범들과 부패한 런던경찰, 그리고 악덕 포주까지 묘하게 얽혀 사건은 걷잡을 수 없이 확대 전개된다. 그중에서 한 가지 복합 협상전술을 알아보자.

_____

놓치기에는 너무나 아까운 제안으로 상대를 유혹하라
: Entice your customer with a 'Too Good To Lose' proposal

런던 뒷골목에서 허름한 중고자동차 판매상을 운영하는 테리(제이슨 스테이넘). 차도 안 팔리는 데다 빌린 돈을 갚으라는 사채업자의 협박은 점점 더 거세지고 정말 죽을 맛이다. 이때 오랫동안 별 소식이 없던 미모의 옛 애인 마틴(섀프론 버로즈)이 불현듯 나타난다. 그

협상은 영화처럼 영화는 협상처럼

리고 그녀가 제안한 것은 뜻밖에도 로이드 은행의 비밀금고를 테리의 친구들과 힘을 합쳐 털자는 것이 아닌가.

> 마틴 테리 난 널 알아. 네 친구들도 알고. 넌 언제나 큰 것 한 방을 찾아 헤맸지. 모든 문제를 깨끗이 해결해 줄 한 방. 내가 그 한 방을 줄게.
>
> 테리 그게 뭔데?
>
> 마틴 은행이야.

은행 강도라는 이야기에 화들짝 놀라는 테리. 테리는 자신과 친구들이라고 해 봤자 기껏해야 잡범 정도라서 은행 강도 일은 가당치 않다고 펄쩍 뛴다. 그러나 마틴의 집요하고 달콤한 유혹이 계속된다.

> 마틴 테리, 이건 은행직원 머리에 딱총이나 휘둘러 어찌 해보겠다는 게 아냐. 경보장치가 해제된 가운데, 비밀 금고가 있는 은행 지하실로 들어가는 거라고. 사람들이 은밀하게 감춰둔 어마어마한 돈과 보석. 우리가 훔쳐도 아무 걱정할 게 없어. 왜냐면 그 누구도 신고하지 못할 테니까. 이건 평생에 한번 있을까 말까한 기회야. 테리, 절대 이번 기회를 놓쳐선 안돼.

테리는 또한 공범이 될 마틴의 친구들도 끌어들이려 꼬드긴다. 하지만 은행을 같이 털 친구들이라고 해보았자 3류 포르노 배우인

253

데이브와 무명 사진작가인 케빈이었다.

> 케빈 우린 은행 강도가 아냐.
> 테리 아마 우리가 은행 강도가 아니기 때문에 오히려 더 잘 해낼 수 있을 거야.
> 데이브 그건 좀 간댕이 부은 짓이지, 솔직히 안 그래.
> 테리 내가 더 겁나는 게 뭔지 알아? 가진 것 하나 없이 평생 거지같이 살다가 죽는 거 아닌가 하는 거야. 자, 만날 신세 한탄만 하지 말고 이번 기회에 뼈 빠지게 고생해봤자 남는 것 하나 없는 이 지긋지긋한 밑바닥 인생에서 확실하게 빠이빠이 하는 거야. 다들 알겠지!

테리의 제안에 자신들은 은행 강도를 할 만한 재목도 아니라며 제안을 거절하던 케빈과 데이브는 테리의 마지막 말에 이판사판, 이제는 한번 해 보자고 마음을 굳힌다.

사람은 누구나 머릿속에 저울을 하나씩 갖고 있다. 한쪽에는 자신이 얻게 될 이익을 올려놓고 다른 쪽에는 그 이익을 얻기 위해 지불해야 할 비용이나 대가, 혹은 감수해야 할 위험 등을 올려놓게 된다. 그래서 자신이 투입해야 할 비용과 비교하여 얻게 될 이익이 크다고 판단하게 되면 거래가 이루어지는 것이다. 욕심이 무거운가, 아니면 반대쪽에 있는 두려움의 무게가 더 무거운가가 거래를 할 것인가 말 것인가를 결정짓는 것이다. 아마 협상이라는 것도 바로

협상은 영화처럼 영화는 협상처럼

이 상대의 머릿속에 들어 앉아 있는 저울의 눈금을 자신이 원하는 방향으로 움직이는 기술일 것이다.

　문제는 내가 제시할 수 있는 실제 그대로의 조건만을 가지고 상대가 저울질을 한 결과, 투입비용 대비 실현이익이 미미하다거나 이러 저런 위험요소가 부담이 되는 경우에 발생한다. 즉 상대의 저울 눈금을 매력적으로 움직이기 위해 실질적인 덤을 올려 주는 것이 현실적으로 어려운 상황을 가리킨다.

　그렇다면 더 이상 방법은 없는 것일까? 과연 상대의 저울에 올려진 비용과 수익의 무게를 정확히 계산하고 있는 것일까? 그리고 저울에 놓여진 비용과 수익의 무게를 추가 양보 없이 적절하게 조종할 수는 없을까 라는 고민을 해 볼 수 있다.

답은 '가능하다'이다. 그리고 두 가지 방법을 동시에 시행해야 한다. 테리가 마틴이나 케빈, 데이브에게 던진 "넌 언제나 큰 것 한 방을 찾아 헤맸지. 모든 문제를 깨끗이 해결해 줄 한 방. 내가 그 한 방을 줄게." "이건 평생에 한 번 있을까 말까 한 기회야. 테리, 절대 이번 기회를 놓쳐선 안돼." "이번 기회에 뼈 빠지게 고생해봤자 남는 것 하나 없는 이 지긋지긋한 밑바닥 인생에서 확실하게 빠이빠이 하는 거야"라는 말처럼 우선은 상대의 기대이익을 확대하여 재해석해 주는 노력이 필요하다.

상대가 기존에 이해하고 있는 금전적 수익 등의 일차적 이익 외에도 거대시장 진입, 거래선의 다변화, 선진기술 무상공유, 기업브랜드 인지도의 획기적 개선 등 듣기만 해도 가슴이 벅차오르는 뜻밖의 기회로 인식될 수 있는 다양하고 매력적인 부차적 이익과 혜택이 존재한다는 사실을 일깨워 주는 것이다.

아울러서 "우리가 훔쳐도 아무 걱정할 게 없어. 왜냐면 그 누구도 신고하지 못할 테니까"라는 마틴의 말처럼 지불해야 할 비용이나 감수해야 할 위험 수위가 생각하는 것처럼 과다하거나 신경 쓸 정도가 아니라는 논리를 곁들여서 제시하면, 상대는 일단 심리적 안도감을 느끼며 거래에 대한 반감이 누그러지게 된다.

이처럼 부차적 이익을 부각시키는 협상전술과 투입 비용에 대한 평가절하, 내재 위험을 희석하는 전략은 궁합이 절묘하다. 즉 당신이 제시한 조건이 상대가 계산하는 비용이나 위험감수의 총량에 비해 더 많은 이익을 얻을 수 있다는 사실을 통해 상대의 관점과 평가의 기준을 재정립하는 고도의 심리전을 바탕으로 한 협상전술인 것이다. 바로 당신의 제안을 결코 놓쳐서는 안 될, 아니 놓치면 후회할 너무나 매력적이고 탐스러운, 게다가 욕심나는 것으로 인식시켜 주는 협상전략이다.

실제로 이러한 부차적 이익을 절묘하게 제시하여, 실제적인 추가비용 부담이나 양보없이 괄목할 만한 협상성과를 올린 굵직굵직한 사례들은 우리나라 기업 인수합병(M&A) 협상 사례들 가운데서도 의외로 많이 찾아 볼 수 있다.

가장 많이 알려진 것 중 하나가 바로 1990년대 말에 있었던 GM의 대우자동차 인수협상이다. 이것은 당리당략을 중시하는 정치협상도 아니었고, 대외명분과 당시 집권세력의 국정철학이라는 비경제적 논리의 영향을 받는 외교협상도 아닌, 돈 놓고 돈 먹는 기업간 인수합병 협상이었다.

즉, 실질적인 주 협상사안인 자산가치 평가금액 최대화 협상, 그에 근거하여 가급적 최대한의 매각가격을 현금으로 받아내고, 계약 당시뿐 아니라 향후에도 불이익과 역풍을 방지할 수 있도록 꼼꼼하고 철저히 계약서 조항 하나하나를 따지는 비즈니스 협상으로서만 진행하고 처리되었어야 했다. 따라서 당시 우리측이 아무리 인수합병 협상력이 부족했더라도 60~70억 달러짜리 글로벌 자동차 기업을 어지간한 부품업체 가격도 안 되는 4억 달러라는 헐값에 넘기는 정도까지는 가지 않았을 것이다.

그러나 엉뚱하게도 문제 기업이라는 국가경제와 관련된 특수한 상황 논리를 들어 정부가 개입하면서 사단이 나게 된다. 풀이하자면 우선 전대미문의 빅딜이라는 기발한 아이디어를 내세워 총체적

경제위기를 극복한 최고의 경제엘리트 정부였다는 역사적 위업과 치적을 쌓고 싶었던 관료주의, 정권 말기 레임덕 현상에서 어떻게든 빠져 나오려 몸부림 쳤던 당시 정권의 욕심과 코드가 맞아 떨어지는 불운이 우리에게 닥친 것이었다.

이것을 간파한 미국의 GM과 뒷돈을 대는 투기자본, 미국 기업의 이익을 위해 거국적으로 헌신하는 각종 신용평가기관, 컨설팅 업체, 언론매체, 그리고 미국 정부가 참으로 유기적이고 전략적으로 협력하여 기업 따로, 정부 따로, 언론 따로, 기관 따로인 우리나라의 분열되고 미숙하기 이를 데 없는 국제협상시스템의 허점을 완벽히 파악하고 이용한다. 이 과정에서 미국이라는 나라와 기업이 국제협상에서 얼마나 밀접하게 협력하고 철저하게 상대를 농락하며 최대한의 잇속을 챙겨 협상을 준비하고 임하는 지를 여실히 보여주었다.

비단 대우자동차 뿐 아니다. 르노의 삼성자동차 인수 협상의 경우 네 차례나 결렬상황을 유도한 끝에 삼성의 요구를 철저히 무시하는 비타협적 협상전략을 고수하여 자산가치 3조원의 회사가 최종 매각가 6천억 원이라는 또 다른 헐값 매각 기록을 세우기도 하는 등 지면이 부족할 정도로 당시에 수많은 헐값 해외매각이 이루어졌다.

그러나 문제가 된 해당 협상에 개입한 인사들은 그 노고와 성과를 인정받아 소위 영전을 하고 국내 협상관련 학회에서 우수 협상사례로 크고 작은 상을 수상했다. 일부 언론은 정부의 홍보 자료에 발 맞춰 화려한 수식으로 성과를 드높이는 데 발 빠르게 대응할 뿐

뼈를 깎는 반성이나 제대로 된 방지대책에 대한 논의 한 번 없었음을 기억해야 한다.

위 사례에서 나타난 것처럼 앞서 설명한 협상전략은 우리 기업이나 정부가 이용하여 효과를 본 경우보다 속수무책으로 당한 피해자의 입장이었던 경우가 훨씬 더 많았고 그 피해규모도 컸다.

이러한 국제 협상에서의 일면 수치스런 피해 사례의 이유를 더 이상, 우리나라 사람들의 체면과 위신, 그리고 대외명분 중시 때문이라고 핑계 아닌 핑계로 돌려서는 안 될 것이다. 왜냐하면, 국제 협상의 실무자라면 기업인이건 공무원이건 외교관이건 간에 대한민국의 국익을 지켜내고 성장시켜야 하는 사명이 있기 때문이다. 그럴 능력이나 사명감, 책임감이 없다면 깨끗하게 자리를 비워주는 것이 당사자나 기업, 정부 모두에게 두루두루 참으로 뜻 깊고 덕이 되는 일일 것이다.

단순한 은행금고털이라고 생각했던 테리 일행의 강도행각은 뜻밖에도 은행 비밀금고에서 나온 영국 공주의 섹스스캔들 필름과 거물급 정치인들의 변태 성애사진들 때문에 영국 왕실과 정가를 초긴장 속으로 몰아넣는다. 결국 테리를 제외한 대부분의 강도 멤버들은 영국정보부의 끈질긴 추격 끝에 하나둘 목숨을 잃게 된다. 멋모르고 저지른 단 한 번의 은행강도로 밑바닥 인생과 빠이빠이 한 것이 아니라, 이승과 영원히 빠이빠이 하게 된 재수 없는(?) 풋내기 은행 강도들이 왠지 안됐다는 이 느낌은 필자만의 생각인가?

약점이 없어?
없으면 만들어라!

🎬 **제목** : 트랜스포터 3-라스트 미션

🎬 **원제** : Transporter 3(Le Transporteur 3)

🎬 **제작년도** : 2008년

🎬 **감독** : 올리비에 메가톤

🎬 **배우** : 제이슨 스테이넘, 나탈리아 루다코바, 프랑수와 베를레앙, 로버트 네퍼, 에로엔 크라베

상대에게 약점이 없으면, 약점을 만들어 내라

전편인 〈트랜스포터 2〉에서 은퇴를 선언한 후, 프랑스의 마르세유에서 낚시로 소일하며 조용히 살아가는 프랭크 마틴(제이슨 스테이넘). 다국적 산업폐기물 처리기업인 에코코프의 사주를 받은 존슨 일당은 트랜스포터 업계 최고의 실력자인 그에게 어떻게든 일을 맡기려고 하지만 뛰어난 싸움실력으로 호락호락 당하지 않는다.

결국 어쩔 수 없이 프랭크가 추천한 말콤에게 대신 일을 맡긴 존슨 일당. 그러나 임무에 실패하고 총상까지 입은 말콤은 마지막으로 프랭크의 집까지 도움을 청하러 왔으나, 차에서 내려져 앰뷸런스에 실려 가던 중 그의 손목에 채워진 자동폭탄 팔찌가 폭발하며 숨을 거둔다. 그리고 곧 프랭크도 존슨 일당의 기습을 받아 정신을 잃고 만다.

얼마나 잤을까? 존슨 일당의 아지트에서 눈을 뜬 프랭크. 그러나 그의 손목에는 어젯밤 말콤을 죽음으로 몰아 간 똑같은 전자 팔찌가 이미 채워져 있는 것이 아닌가? 송신기가 설치된 차량에서 20미터 이상 떨어지면 경고음과 함께 자동으로 폭발하는 고성능 액체

폭약이 팔찌 안에 가득 채워져 있는 것이다. 이제는 임무를 수락할 밖에 어쩔 도리가 없구나 싶은지 잠시 고개를 떨구는 프랭크.

털어서 먼지 안 나는 사람 없다고 한다. 신이 아닌 이상, 사람이라면 한두 가지쯤 허물이 없을 수 없다는 말이다. 하지만 은퇴에 대한 의지도 강력하고, 게다가 완력도 자신 있는 프랭크에게는 존슨 일당의 무리하고 달갑잖은 제안을 받아들일 이유도 없는데다, 혈혈단신인 그를 위협할 약점도 없는 상황이다. 이처럼 정상적인 상황에서 제안을 받아들이게 만들 방법이 없을 때는 도발도 방법이 될 수 있다. 그렇다고 해도 무턱대고 앞뒤 생각 않고 마구 저지르는 것이 아니라 치밀하게 계산된 기획, 즉 계획(Planning)이 필요하다.

상대가 결코 뺏기거나 잃거나 손상되도록 내버려 둘 수 없는 요인들이 무엇인지를 파악한 후, 그에 대한 위협이나 압박을 가하는 것을 말한다.

"다 폭로해 버리겠어." "어디 네 마음대로 해 봐." "어떻게 되나 보자." "결과를 감당할 수 있다고 생각해." "후회 할 텐데." "얼마나 견딜 수 있을 것 같아?" "한번 엄동설한에 길거리로 나 앉고 싶어." "한번 피눈물 흘려 봐야 정신 차리겠어?" 등등 상대의 약점이 되는 아킬레스건을 만드는 것이다. 그리고 영화에서는 프랭크의 생명이 그 아킬레스건으로 작용한다.

협상도 마찬가지이다. 빈틈이라고는 아무리 눈을 씻고 찾아봐도 없는, 설혹 있더라도 결정타를 날릴 수 없는 대수롭지 않은 빈틈만을 지닌 강력한 협상 상대를 만나면 협상도 해 보기 전에 기가 죽기

십상이다. 기껏 한다는 것이 어려운 사정을 불쌍히 여겨 조금이나마 은덕을 베풀어 달라고 읍소하는 정도이다. 이 정도 되면 협상이라고 부르기가 쑥스러울 정도이다.

그렇다면 과연 약점이 전혀 없는 상대가 존재할까? 답은 '아니다'이다. 약점이 없는 것이 아니라 찾지 못했을 뿐이다. 제대로 협상훈련만 되면 그 누구와 협상을 하더라도 상대의 주장을 무력화시키거나 최소한 약화시킬 수 있는 약점 몇 가지는 예외 없이 찾아낼 수 있다.

그토록 안 보이던 상대의 약점이나 결점이 오히려 상대의 파워나 장점 속에 감춰져 있으며, 상대가 주장하는 사실의 근거와 논리

속에서 의외로 쉽게 찾아낼 수 있다. 비즈니스 협상 컨설턴트로서 필자의 경험이다.

과거 독점적인 시장점유율과 높은 브랜드 파워를 내세우는 한편, 한국산 자동차의 품질과 낮은 브랜드를 트집 잡으며 과도한 가격 인하 압박을 가해 오는 유럽의 거대자동차 딜러들의 주장을 논리적으로 뒤집고 우리 자동차 메이커가 원하는 가격과 판매조건을 수용할 수밖에 없게 만들 수 있었다. 이것도 그들이 주장하는 논리 속에 숨겨진 한국자동차만의 가격과 품질의 비교우위에 따른 경쟁력과 타 업체에 비해 유리한 판매수익구조를 쉽게 포기할 수 없는 그들의 약점을 찾아내고, 그에 따른 강력한 협상논리를 빈틈없이 제시할 수 있었기에 가능했던 것이 기억난다.

그러나 간혹 협상에 쓸만한 수준이나 내용의 약점을 잡기가 쉽지 않은 경우도 있다. 이런 경우에는 성공 협상을 약속한 협상컨설턴트로서 곤혹스럽기 짝이 없다. 이런 때에는 오히려 상대가 우리의 약점으로 파악하고 있는 사항들 가운데 상대에게도 해악이 되는 사실이나 상황은 없는지 꼼꼼히 살펴봐야 한다. 역지사지(易地思之), 즉 상대의 입장에서 되짚어 보는 것이다.

적확한 예가 될지 모르겠으나 한 가지 사례를 들어보자. 국내 최대 통신업체인 A사가 베트남 정부기관과 합작사업을 추진하다 난관에 봉착했다. 갖은 노력을 기울였으나 별 진전을 보지 못하자 해당 협상건에 대해 컨설팅을 시행한 적이 있다.

오랫동안 사회주의 경제체제를 유지해 온 이유에서인지, 자신들의 부당한 처사가 분명한 계약사항 위반임을 뻔히 알면서도 약속한 지급 기일을 번번이 넘기며 고객사의 속을 태우고 있었다. 어차피 베트남이라는 새로운 시장을 거머쥐려는 각국 통신사들 간의 경쟁이 치열한 상황에서 어지간해서는 계약서니 법이니 하며 자기들의 심기를 건드리기가 쉽지 않을 것이라는 약삭빠른 판단이었지 않았나라는 추측이 들었다. 계약서고 뭐고 간에 시간만 끌면 우리측이 제풀에 지쳐 나가떨어질 것이라는 속셈임이 분명했다.

그러나 최근 A사는 베트남 측의 지나친 지급지연을 국제기구에 중재하겠다는 통보 메시지 하나로 협상의 전환을 맞고 있는 것으로 전해진다. 우리 기업이 아무리 떠들어도 거들떠보지도 않더니, 국제 중재기구에서 자신들의 비정상적이고 불미스런 계약위반 행태가 공식적으로 공개되는 것은 도저히 묵과할 수 없었나 보다.

예상보다 심각한 수준으로 피폐한 기반 산업과 막대한 투자에도 불구하고 경제 성장이 더디다는 악재로 인해 가뜩이나 해외 투자 유치가 위축된 마당에 국제중재위원회에 이런 낯 뜨거운 소송 건이 올라가게 내버려 둘 수는 없었던 것이다. 이제까지 잘 써먹어 온 시간 지연 전략이 졸지에 자신들의 숨통을 죄기 시작한 것이다.

상대의 약점이 없다고 생각될 때가 바로 약점을 만들어 내야 할 때임을 기억하자. 그렇다고 너무 골치 아파할 필요는 없다. 제대로 된 협상 훈련을 받았고, 일정 기간의 실무 경험만 있다면 역전 협상 전략 한두 가지는 찾아낼 수 있다. 하지만 아무리 애를 써도 뜻대로 협상이 안 풀릴 때는 외부의 도움을 청해보는 것도 방법이다.

진짜 협상 목표를 숨겨, 상대로 하여금 헛다리를 짚게 하라

존슨은 치명적인 독성을 지닌 산업폐기물을 가득 실은 화물 선단이 유해화물 수입검사 절차 없이 우크라이나를 무사히 통관할 수 있도록 우크라이나 정부의 환경청 장관으로 재직 중인 레오니드 바실레프 장관을 협박하여 승인을 얻어내라는 지시를 이코코프 사로부터 받은 상황이다. 이를 위해 존슨은 망나니로 소문난 바실레프의 철부지 딸인 발렌티나를 유괴한다. 그리고 프랑스의 마르세유에서 출발, 유럽의 절반을 가로질러 흑해에 있는 오데사까지 운반하도록 프랭크를 데려왔다. 그러나 프랭크에게는 이러한 사실을 숨긴 채 트렁크에 있는 보석 꾸러미가 운반 품목이라고 꾸며댄다. 이를 알리 없는 프랭크가 출발을 서두르며 차문을 열자 조수석에는 한 소녀가 말없이 앉아 있다.

프랭크 (존슨을 바라보며) 한 가지 잊으셨나 본데, 난 혼자 일해.

존슨 (애써 당혹감을 감추며) 동행을 좋아할 줄 알았지.

프랭크 나보고 일을 깔끔하게 해줬으면 하지 않았나?

존슨 네 말이 맞아! 일이 먼저지. (일말의 망설임도 없이 곧바로 소녀에게 총구를 들이대고 금방이라도 방아쇠를 당기려는 기세다.)

프랭크 잠깐! (총을 든 존슨의 팔을 슬며시 밀치는 프랭크)

존슨 (짐짓 의외인 듯) 왜, 규칙을 바꾸려고?

프랭크 (쓸쓸한 표정으로) 예외 없는 규칙 없잖소. 오늘이 그 한 번의 예외요.

존슨 그래 대장 마음이지, 뭐! (안도의 숨을 삼키며 프랭크를 떠나보낸다.)

바실레프 장관을 협박하기 위해 그의 딸인 발렌티나를 유괴하여 프랭크로 하여금 오데사까지 무사히 데려가는 것이 관건임을 숨기기 위해, 트렁크에 실린 다이아몬드가 운송 품목이며 아가씨는 프랭크의 길고 무료한 단독 여행을 배려한 선심인양 슬쩍 밀어 넣는 존슨의 기만술이다. 이유야 어찌됐던 존슨은 아가씨를 보고 동승을 거부하는 프랭크의 예상 밖의 반응에 당황한다. 하지만 냉정함을 잃지 않고 아무렇지도 않은 듯 이 아가씨가 이번 거래에서 아무런 가치도 없고 전혀 관계도 없는 것처럼 주저 없이 총구를 들이대는 모습을 보여줌으로써 프랭크로 하여금 이번 거래협상의 진짜 핵심이 이 아가씨임을 끝까지 숨긴다. 또한 프랭크가 자기네들처럼 잔혹한 악당이 아님을 알고 있는 터라, 무고한 아가씨가 눈앞에서 죽도록 모른 척 내버려 두지 않으리라는 것을 직관적으로 판단하고 있음을 알 수 있다.

결국 자신의 길동무라고만 한 이 아가씨가 존슨이 꾸민 협상의 핵심이라는 것을 알았다면, 프랭크는 전혀 다른 전략을 구상하고 행동했을 것이다. 그러나 존슨의 기만술에 말려든 프랭크로서는 별다른 방법 없이 그의 지시에 고분고분 따를 수밖에 별 도리가 없게 된 것이다.

협상 준비과정에서 가장 중요한 핵심은 상대의 진짜 협상목표와 의도를 파악하는 것이다. 상대의 숨겨진 의도와 목표를 모르는 상

협상은 영화처럼 영화는 협상처럼

황에서 성공적인 협상을 바라는 것 자체가 있을 수도, 결코 있어서
도 안 되는 일이다.

그 이유를 살펴보자. 아무리 소규모의 협상이라 하더라도 최소
한 서너 가지의 협상 사안은 있기 마련이다. 대표적인 비즈니스 협
상 사안으로는 가격, 제품사양, 수량, 지불조건, 운송방법 등 말고도
기술협력, 자본 참여, 마케팅 협력 등 너무나 다양한 사안들이 있을
수 있다.

비즈니스 협상이란 결국 이 수많은 협상 사안들과 협상하는 그
시점에 따른 상황의 특수성에 따라 변경되는 중요도와 우선순위에
맞게 자신에게 가장 중요한 협상 사안에 있어서 원하는 최대치의
조건으로 합의를 유도하고, 그 외 중요도가 다소 떨어지는 사안들
에 대해서는 상대와의 협상에서 주고 받기식 맞거래로 절충이나 타
협하는 것이라고 볼 수 있기 때문이다.

또 하나, 비즈니스 협상 사안이라고 하면 흔히들 계약서상에 나
타나는 내용들만이라고 생각하기 쉬운데, 그렇지 않다. 계약서에
계약항목으로 명시되는 항목뿐만 아니라, 계약 외적인 협상 사안이
경우에 따라서 더 많을 수도, 그리고 더 중요할 수도 있다.

여기서 그동안 필자의 경험과 연구에 비추어 보면 상당수의 우
리나라 사람들이 보이는 치명적인 약점이 눈에 들어온다. 그것은
다름 아니라 협상 준비 제1단계 과정인 협상 사안 파악 단계를 너
무도 소홀히 대충대충 하고 협상 준비에 들어간다는 사실이다.

한·미 FTA 협상이 본격적으로 시작되었을 때였다. 우리 정부 협
상대표단의 일원이 기자회견장에서 우리측이 준비한 주요 협상 사

269

안별 세부항목의 수가 십여 개 정도인데 미국측이 준비해온 세부항목 수가 60~70개에 달하는 것을 보고 깜짝 놀랐다는 식의 말을 한 것을 지금도 생생히 기억하고 있다.

그 말을 듣는 순간 필자는 한·미 FTA 협상은 처음부터 끝까지 미국이 정교하게 짜놓은 협상시나리오에 끌려 갈 수밖에 없으며, 그 최종 결과도 미국에게 극히 유리한 내용으로 귀착될 것이라고 생각했다. 그렇게 생각한 이유는 다음과 같다.

첫째, 미국은 한·미 FTA 협상에 대한 이해도가 우리측 협상팀과 비교할 수 없을 정도로 우세하다는 점이다. 흔히들 아는 만큼 본다고 한다. 한 가지 협상 사안을 두고서 그에 대한 세부내용을 대여섯 배나 더 많이 파악하고 있는 상대보다 우리가 무슨 근거로 더 많이 알고 있다고, 아니 대등한 수준이라도 이해하고 있다고 자신 있게 말할 수 있는가라는 말이다.

더욱이 오랜 기간 각고의 노력 끝에 연구하고 준비한 수준이 그 정도인데 협상은 이미 시작되었고 정해진 시간 안에 수많은 협상 사안에 대해 치밀한 사실 자료에 근거하여 정밀한 논리를 펼치며 설득해야 하는 상황에서 언제 상대가 제시하는 추가 상세 이슈들을 하나하나 빈틈없이 검토하고 논리를 수립하여 대응을 할 수 있겠는가. 사실상 불가능하다.

두 번째로 이 이야기를 하는 필자도 안타까움을 금할 수 없지만, 부재에 가깝다고 할 수밖에 없는 우리측의 협상 전략전술의 부족을 꼽을 수 있겠다. 우리의 주장과 논리를 관철시키기 위한 공격적 협상 전략전술과 상대의 주장과 논리를 반박하거나 무력화시킬 수 있는 방어적 협상 전략전술을 유기적으로 동시에 준비해야 한다. 그러자면 상대가 특정한 협상 사안에 대해 어떤 사실과 논리를 바탕으로 어떻게 협상 전략전술을 구사해 올지를 사전에 상당 수준 정확히 파악하는 것은 필수적이다. 따라서 세부적인 협상 사안 파악에서조차 밀리는 형국에서는 상대를 제압할 수 있는 협상 전략전술을 수립한다는 것이 애당초 어려운 일이었을 것이다.

여기서 잠깐 한 가지 짚고 갈 것이 있다. 통상 법규와 실무를 잘 안다는 것과 국제협상을 잘 한다는 것은 전혀 다른 이야기이다. 관련 법규나 실무 지식을 더 많이 안다고 해서 반드시 협상을 유리하게 이끌어 간다고 장담할 수 없다는 것이다.

오히려 협상력 자체가 뛰어난 사람이 정보나 지식의 열세에도 불구하고 협상을 진행하면서 조금씩 부족한 정보와 협상 전략전술을 보완해 가다 보면 막판에 전세를 뒤집을 확률이 더 높은 것이 주지의 사실이다.

그래서 미국이나 유럽의 경우 성공적인 협상 준비와 진행을 위해 협상을 주도적으로 진행하는 역할, 해당 분야의 전문 지식과 정보 지원, 협상 전략전술 수립, 협상 진행감독 조정, 그리고 최종 결정권자의 역할들을 가급적 분리하여 팀을 구성하고 진행한다. 그리고 그러한 팀 구성이 발휘하는 협상력은 가공할 정도로 막강하다. 이에 비해 우리 정부나 기업의 협상시스템과 인력상황의 현실은 사실상 척박하기 이를 데 없다.

협상 테이블에서 상대와 얼굴을 맞대고 협상을 진행하는 사람이라면 어지간한 해당 분야 지식은 스스로 갖추고 있어야 한다. 게

다가 아직까지 정부 조직 내에 이렇다 할 협상 전문인력이 없는 관계로 협상 전략전술도 물을 데가 없고 스스로 내부 인력과 머리를 맞대고 짜내야 하며, 이렇게 어렵사리 수립한 협상 전략전술이 제대로 된 것인지 사전에 속 시원히 물어 볼 데도 마땅치 않다. 한마디로 팔자에도 없는 북치고 장구치고 다하는 안타까운 실정인 것이다.

상대가 그야말로 슈퍼컴퓨터를 동원한 21세기 최첨단 장비와 전문인력으로 조직적이고 체계적으로 구성된 드림팀이라면, 우리는 몇몇 장수의 어깨에 기대어 전승을 기원하는 다소 시대에 뒤쳐지는 협상시스템과 인력구조를 갖고 있는 셈이다.

결국 우리는 협상대표 한두 명이 마치 성서에서 양치기 소년 다윗이 2미터가 넘는 거구의 골리앗을 돌팔매로 거꾸러뜨린 것과 같은 신출귀몰한 협상력을 펼쳐 주기만을, 그러한 천재적인 협상력을 갖고 있기만을 바라는 셈이다.

그렇다면 우리 협상대표들이 과연 미국이나 유럽의 협상팀보다 개인별 협상력 자체가 더 우수하다고 볼 수 있는가? 그렇지 않다면 이제 우리 협상팀은 삼중고에 빠진 셈이다. 정보도 부족하고 제대로 된 시스템마저 없는 마당에 개인별 협상력마저 우위를 확신할 수 없는 난처한 처지에 놓인 것이다.

결국 미국측이 세밀하게 분류해 온 협상 사안의 세부 어젠다조차 역량부족으로 파악하지 못하고, 세부 협상 이슈가 준비한 이슈보다 더 많은 상황에서 두 눈을 부릅뜨고 봐도 좀처럼 눈에 띄지 않도록 수많은 합의문구 속 여기저기에 은밀하게 숨겨 놓은 독소

조항들을 관철시키기 위해 준비한 미국 협상팀의 유도전략, 기만책 등의 치밀한 협상 전략전술들에 대해 어떻게 적절히 대응할 수 있었겠는가?

더욱이 당초 양측의 초반 기 싸움과 자동차 관세를 중심으로 몇 가지 사안에 집중하여 협상시간의 상당부분을 다 소진한 탓에 막바지에 접어들어 주요 협상 사안과 기타 협상 사안들이 충분한 협의와 검토를 받지 못한 채 부랴부랴 패키지딜(Package deal) 방식으로 일사천리로 진행 완료되는 것을 지켜보면서, 미국측의 협상전략에 거의 농간을 당했다는 생각을 떨쳐 버릴 수가 없었던 것이 기억난다.

정리하자면 미국측의 전형적인 협상 사안 교란전술에 상당부분 말려 든 데다, 협상 마감시간에 쫓기고 정권 말 치적 쌓기의 마지막 찬스를 놓치지 않으려는 한미 양국 지도자와 행정부의 욕구가 우연찮게 맞물려 미국에게는 기대 이상의 결과를 우리에게는 아쉬움을 넘어 여러모로 안타까운 협상결과로 남게 되었던 것이다.

그리고 이후에 신문지면과 방송을 도배했던 한·미 FTA 협상 성과 기사와 그간의 우리 협상팀이 펼쳤던 화려한 협상전략 홍보기사의 범람은 국제협상을 연구하는 한 사람으로서 도무지 믿기지 않는 '자발적 협상전략 노출의 향연'이었다.

그러나 최근 UAE원전 수주 성공 기사들을 접하면서, 각고의 노력 끝에 이제 막 궤도에 진입한 우리나라의 국제 에너지설비사업 비즈니스가 일부 인사들의 섣부르고 유치한 자화자찬으로 인해, 연이어 이어질 관련 비즈니스 협상에 해악을 끼치는 것은 아닐까 가슴이 조마조마한 것은 필자만의 기우일까?

세계 경제 침체라는 먹장구름 아래에서도 살을 도려내는 온 국민의 고통과 노력 속에 플러스 성장이 이어지고 있다. 이런 우리 모두의 노력과 희생이 덧없이 낭비되지 않도록 수출협상이든 구매협상이든, 그리고 외교협상이든 모든 협상이 완벽하게 준비되고 수행되는 가운데 협상강국 원년이 되길 간절히 소망한다.

영화로 다시 돌아가 운송물품인 발렌티나를 사랑하게 된 프랭크 마틴은 목숨을 건 액션 끝에 악당 존슨을 황천길로 보내고 발렌티나를 구출하게 된다. 사실 별 특별할 것도 없는 스토리와 구성인데 민머리의 제이슨 스테이넘이 길거리 싸움꾼 같은 거친 근육을 자랑하며 몸을 사리지 않고 마구 내던지는 액션을 멍하니 보고 있노라면 그냥 대단한 영화라는 생각이 든다.

협상은 영화처럼 영화는 협상처럼

24

껄끄러운 상대는
직접 협상하지 말고,
제3자를 내세워
대리협상을 전개하라

🎥 **제목** : 인터내셔널

🎥 **원제** : The International

🎥 **제작년도** : 2009년

🎥 **감독** : 톰 티크베어

🎥 **배우** : 클라이브 오웬, 나오미 왓츠, 아민 뮬러-스탈, 브라이언 F. 오번, 울리히 톰센,
　　　루카 바르바레스키, 패트릭 발라디

영화 〈인터내셔널〉은 역사상 최대 금융사기 행각이 들통 나 세계를 경악시켰던 BCCI은행 사건을 모델로 기획되었다. 근래의 세계적 경제위기 상황, 끊이지 않는 테러 소식과 끝을 알 수 없는 중동과 아프가니스탄의 분쟁 상황과도 맞물려 단순한 오락영화로만 치부할 수 없는 내용을 담고 있는 영화이다.

탈레반의 활동자금을 세탁하고 합법적인 자금 확보를 위해 오사마 빈 라덴이 BCCI은행을 직접 설계하고 설립하여 운영했다는 설득력 있는 사실을 증명하는 탈레반 전문가도 있는 것을 보면 더 그렇다. 또한, 쉽게 접할 수 없는 일부 국제 거대 금융자본과 각국 정부 간의 알려지지 않은 어두운 협력관계의 일면을 과감하게 드러냈다는 점에서도 한 번은 볼 만한 영화가 아닌가 싶다.

이 은행은 1972년에 한 파키스탄 은행가에 의해 설립된 후 불과 10년 만에 뉴욕 맨해튼 지점을 포함한 전 세계 72개국 400여개 지점을 개설하여 운영했으며, 당시 약 200억 달러에 달하는 자산규모로 세계 7대 민간은행으로까지 성장했다고 한다.

그러나 1980년대에 시작된 미국과 영국의 합동 비밀수사에 의해 마약거래상들의 대규모 자금 세탁 및 각종 불법 행각이 밝혀져, 결

협상은 영화처럼 영화는 협상처럼

국 1991년 7월초에 미국과 영국에서 동시에 강제 사업종료가 집행되기에 이른다. 그러나 그 후로도 각종 금융기관과의 비밀거래 및 각국의 정재계 유력인사들과의 유착 사실이 폭로되는 등 2004년도까지 각종 법률 소송이 끊이지 않았던 전대미문의 금융사기 사건으로 기록되고 있다.

그러나 BCCI의 초법적 운영과 놀라우리만치 급속한 성장, 그리고 국제적 세력 확대가 가능했던 것은 아마도 각국 정부의 암묵적인 비호와 협조, 그리고 우리가 알 수 없는 협력관계가 있지 않고서는 사실상 불가능하다는 점에서 실제 사건의 전모는 미궁 속에 숨어 있다는 것이 그 분야 전문가들의 관측이다.

이제 영화로 들어가 보자. 마약조직의 돈세탁, 분쟁지역에 대한 불법 무기 거래, 테러단체 자금 지원 등 전 세계적으로 발생하는 각종 범죄가 다름 아닌 IBBC라는 거대 다국적 은행과 깊은 관련이 있다는 첩보를 입수한 인터폴의 민완 요원 루이 샐린저(클라이크 오웬).

그는 맨해튼 지방 검사관 엘레노어 휘트먼(나오미 왓츠)과 함께 베를린, 밀라노, 뉴욕, 이스탄불까지 끈질기게 불법 자금의 흐름과 감춰진 범죄행각들을 수사해 간다. 그러다 IBBC는 단순한 은행이 아니라 전 세계를 망라한 각국 정부 및 범죄조직들을 아우르며 사실상 법의 통제를 벗어나 온갖 불법을 자행해도 그 누구 하나 감히 건드릴 수 없을 만큼 막강한 파워를 휘두르고 있는 금융제국이라는 사실을 알게 된다.

IBBC의 고위 임원이자 스카슨 회장(올리히 톰센)의 최측근인 클레몽은 스카슨 회장과 IBBC의 지나친 탐욕과 살인도 서슴지 않는 비윤리적 경영방식에 염증을 느끼고, 스카슨 회장의 불법행위와 범죄행각을 입증하는 기밀자료를 샐린저 요원의 부하에게 넘기려다 사전에 발각되어 자동차 사고로 위장된 채 무참히 살해당한다.

껄끄러운 상대는 제3자를 내세워 대리협상을 전개하라

이미 오래 전부터 IBBC와 스카슨 회장의 불법운영과 범죄행각의 결정적 단서와 증거 확보를 위해 끈질기게 수사해 온 샐린저 요원은 현장에서 자신의 동료까지 살해당하자 분노가 극에 달한다. 천만다행으로 스카슨 회장이 클레몽을 살해하도록 지시했다는 결정적 정황을 포착한 경찰의 초동 수사보고서를 입수하고, 스카슨 회장이 근무하는 IBBC 본사의 회장 집무실로 직접 찾아가 면담을 청한다.

그러나 로비에서 사전에 확인한 스카슨 회장과의 면담시간을 기다리는 자신을 비웃듯 내려다보며, 측근들을 거느리고 유유히 본사 건물을 빠져 나가는 스카슨 회장. 순간 당혹감과 모멸감에 휩싸인 채 부르르 떨고 있는 샐린저를 맞는 사람은 스카슨 회장의 법률대리인이자 IBBC의 수석법률고문이라며 자신을 소개하는 마틴 와이트 변호사(패트릭 발라디)였다. 그러고서는 대뜸 모든 이야기는 일단 자기와 하면 된다고 뻗댄다.

　화이트 변호사 이 쪽은 경찰서장이신 뷔용 씨입니다. 당신이 궁금해

하는 내용의 특성상, 이 분과 자리를 함께 하는 게 여러모로 도움이 되지 않을까 해서 모셨습니다.

게다가 예정에도 없고 청하지도 않은 현지 경찰서장을 동석시킨다. 사안의 성격상 도움이 될 것이라 생각되어 불렀다고 하기에는 무언가 석연치 않은 점이 있지만 일단 이야기를 시작한다. 그러나 아뿔싸, 이미 IBBC에 매수당한 경찰서장은 스카슨 회장을 체포할 수 있는 결정적인 단서까지 이미 죄다 뜯어고쳐 놓고 있는 것이 아닌가. 스카슨 회장은 이번에도 샐린저의 추적에서 유유히 빠져나간다.

그러나 어차피 여기까지 왔는데다 스카슨 회장이 살인의 배후인물이라는 정황이 확실한 현지 경찰의 초동 수사보고서를 가지고 있으니 별일이야 있겠나 싶어 증거를 들이대며 자신 있게 스카슨 회장의 살인혐의를 주장한다. 이젠 도저히 빠져나갈 수 없으리라 안도하는 바로 그 순간.

> 경찰서장 아하, 초동 수사보고서에 착오가 있었군요. 시간 기재에 실수가 있었습니다. 저희 경찰이 작성한 최종 수사보고서에 따르면, 클레몽 씨가 도착한 시간이 오후 6시로 되어 있습니다. 바로 이런 이유 때문에 저희 경찰도 현재 진행 중인 사건에 대해서는 그 어떠한 초동 수사보고서도 외부에 유출치 않도록 단단히 주의를 기울이고 있습니다.

IBBC에 매수당한 경찰서장의 예기치 않은 역공에 샐린저 요원이 그토록 장담하던 스카슨 회장 구속은 또 다시 물거품이 되고 만다.

골치 아픈 클레임 협상, 손해보상 협상 등 위신과 명예를 손상시킬 수 있는 껄끄러운 협상에 직면하면 굳이 변호사가 아니더라도 대리인을 내세워 일단 김을 빼는 전략을 구사하는 경우가 종종 있다. 또한 실제적인 협상전략의 측면에서도 중립적이고 객관적이며 공신력을 겸비한 제3자를 내세워 협상상대와 대화하도록 유도하는 전략이다. 즉 중재 형식을 차용한 지능적인 협상전술이다.

이때는 가급적 외부인사를 적절한 제3자로 내세우면 좋겠지만 사정이 여의치 않을 경우에는 비록 외부인사는 아니더라도 상대에게 적정한 수준의 중립성과 전문성을 겸비했다는 느낌을 줄 수 있는 내부 인물이라도 가능하다. 아무튼 누구를 제3자로 내세우든 간에 그들의 입에서 나오는 말은 별 차이가 없다. 외견상 중립적이고 공정한 입장에 있으며, 해당 협상 사안에 대한 전문성과 일정 수준의 공신력과 지위를 갖춘 사람으로 하여금 상대에게 No라고, 그건 어렵다고, 이 건에는 해당되지 않는다고 대신 대답하여 설득하게 하는 방법이다.

반대로 당신의 제안이나 주장에 긍정적인 힘을 실어주는 협상기법으로 이용되기도 한다. "보기 드물게 좋은 보상조건이군요." "법률 및 규정상 그렇게까지 하지 않아도 되는데 좋은 조건을 받아내셨군요." "거의 특혜군요." "이런 보상조건이나 대우는 처음 봅니다." 등등 표현은 상황에 맞춰 천차만별이다.

그러나 와이트 변호사가 아닌 샐린저 요원의 입장에 있다면 이야기는 180도 달라진다. 상대편이 의도적으로 당초 참석예정자가 아닌 제3자를 사전 협의도 없이 협상에 참석시키는 경우에는 상당한 주의를 기울일 필요가 있다. 영화의 상황처럼 양측이 극도의 적대적이고 대결적 협상을 진행하고 있다면 더욱더 주의를 기울일 필요가 있다.

이유는 간단하다. 초대받지 않은 손님은 나에게 득보다는 해가 될 확률이 높기 때문이다. 심지어 통역조차도 상대측이 주선한 경우라면 일단 거절하는 것이 안전하다. 이제 구체적인 대응방안을 한번 살펴보자.

우선 그가 누구든지, 어떤 이유로 협상장에 나타났든지 상관없이 사전에 통보 받지 않은 사람에 대해서는 일단 퇴장을 강력하게 요구해야 한다. 통상 다음과 같은 이유를 들어 정중하면서도 강경하게 퇴장을 요구하는 것이 무난하다. 즉 양사의 중차대한 기밀이 논의되는 자리이므로 사전에 합의한 사람 이외의 제3자가 참석하는 것은 보안상 결코 용납될 수 없다. 그러므로 정중히 퇴장을 요구한다.

간혹 인심 좋은 한국 비즈니스맨들이 이 점을 간과하는 경우를 보게 된다. 뭐 별 일 있겠느냐는 생각이다. 별 일이 없을 수도 있다. 하지만 원칙적으로 퇴장을 요구하는 것이 왜 타당한지 살펴보기로 하자.

단순히 상업적 계약 내용을 협상하기 위해 참석했는데, 상대가 예정에도 없는 제3의 전문가를 합석시키는 데는 반드시 그만한 이유가 있다. 변호사, 엔지니어, 회계사, 심지어 대수롭지 않게 보이는 인물일지라도 십중팔구 그들은 각자의 밀명을 갖고 그 자리에 불려 온다.

법률전문가라면 각종 난해한 규정이나 법률을 들먹여가며 계약 내용의 수정이 불가피함을 역설하거나 우리측의 주장이나 조건이 법률에 위배되거나 불충분하기 때문에 수용이 어렵다는 식으로 압박해 올 소지가 있다. 엔지니어라면 새삼스레 제품이나 협력업체의 기술적 결함이나 실적 부족 및 국제적 공인자격 미비 등의 이유를 들먹이며 자신들의 요구대로 설계 변경이나 무상 업그레이드를 요구하기도 하고 프로젝트 관련 협력업체나 납품처를 자신들이 지정하는 업체와 조건으로 변경할 것을 요구해 오는 수도 있다. 회계사나 세무사라면 재정상황이나 회계규정을 내세워 납품가격이나 기타 계약과 관련한 각종 비용 지불조건 등을 자신들에게 유리하게 변경할 것을 요구할 수도 있다. 그리고 표면적으로는 별다른 전문가가 아닌 평범한 비즈니스 컨설턴트 정도로 보이는 데, 실상은 외부 협상전문가로서 협상이 자기들에게 유리하게 진행될 수 있도록 협상 중간 중간에 갖가지 방해전략을 펼칠지 누가 알겠는가!

더욱더 실질적인 문제는 이러한 특정분야 전문가가 제시하는 제안과 설득 논리를 사전에 100% 예측하고 철저히 준비한 상황이 아니라면(이것은 현실적으로 매운 어렵다), 해당 분야 비전문가로서 상대가 제시하는 증거나 논리의 사실 여부를 그 자리에서 듣고 판단하기가 결코 쉽지 않다는 것이다.

더욱이 사전에 치밀한 설득논리와 기만전술을 버무린 정밀한 협상시나리오를 바탕으로 유인책인 양보안을 덤으로 얹어주며(Sweetener), 더 이상의 합의조건은 현실적으로 불가능하다고(Take it or leave) 우기며, 이렇게 먼 곳까지 와서 애를 많이 썼는데 별 것도 아닌 문제로 이 모든 노력이 수포로 돌아가게 할 수는 없는 일 아니냐며(Bare-hand threatening) 넌지시 막판 협상결렬 압박(Deadlock)을 걸어오면 어지간한 협상가가 아니면 자칫 걸려들기 십상이다.

실제로 미국이나 유럽의 협상전문가들이 한국과의 비즈니스 협상이든 외교협상이든 상관없이 막바지에 꼭 시행하라고 추천하는 대표적인 한국형 마무리 협상전술이다.

결론적으로 기존 협상자 명단에 없던 인물이 협상에 개입하는

끌끄러운 상대는 직접 협상하지 말고, 제3자를 내세워 대리협상을 전개하라

것을 철저히 거부하고 퇴장시키는 것이 일단은 안전하다는 사실을 기억할 필요가 있다. 상대가 끌어들이려고 했던 복병을 퇴장시키는 것만 성공해도 건질 수 있는 협상의 소득이 만만치 않다.

왜냐하면 상대는 제3자의 추가 개입을 통한 협상 전략전술을 바탕으로 새로운 시나리오를 전개하려 할 소지가 높다. 따라서 적절한 대안을 준비하지 않았다면 그가 빠졌을 때 전체 협상 전략전술에 혼선이 발생하여 심각한 곤란을 겪게 될 공산이 크다. 한마디로 상대를 자중지란(自中之亂)의 위기로 몰아넣는 효과를 볼 수 있다. 밑져야 본전이니 한번 해볼 만하지 않은가?

25

노련한 상대일수록
논리가 아닌 가슴을 노려라

🎬 **제목** : 인터내셔널

🎬 **원제** : The International

🎬 **제작년도** : 2009년

🎬 **감독** : 톰 티크베어

🎬 **배우** : 클라이브 오웬, 나오미 왓츠, 아민 뮬러-스탈, 브라이언 F. 오번, 울리히 톰센,
루카 바르바레스키, 패트릭 발라디

클레몽 살해 교사 혐의로 스카슨 회장을 체포하려다 실패한 샐린저 요원은 이탈리아 총리 후보였던 옴베르토 칼리니 회장(루카 바르바레스키)의 암살 사건 배후로서 스카슨 회장의 혐의를 입증할 결정적 열쇠를 쥐고 있는 암살자의 뒤를 쫓는다. 그러나 IBBC 스카슨 회장의 문제해결사인 웩슬러 대령(아민 뮬러-스탈)이 보낸 또 다른 암살자들과 구겐하임 박물관 안에서 벌인 총격 끝에 암살자마저 살해되고 만다.

———

노련한 상대일수록 논리가 아닌 가슴을 노려라

최후의 결정적 단서와 증인이 사라져 버린 상황에서 샐린저 요원은 실의에 빠진다. 그러나 뜻밖에도 동료 인터폴 요원들에 의해 스카슨 회장의 문제해결사인 웩슬러 대령이 체포되어 온 것을 알고 그에게서 스카슨 회장의 혐의를 입증할 수 있는 자백과 협조를 얻어내려 한다.

그러나 이미 다른 요원의 취조에도 불구하고 자백도 협조도 않

협상은 영화처럼 영화는 협상처럼

은 채 굳게 입을 다물고 묵묵부답으로 일관하며 전혀 협조하지 않는 웩슬러 대령. 스카슨 회장의 범죄행각을 밝힐 수 있는 마지막 희망인 웩슬러 대령을 설득하기 위한 샐린저 요원의 뜻밖의 취조가 시작된다.

> 샐린저 나는 은행을 살리기 위해 당신이 그 킬러를 죽인 것도 알고 있습니다. 만약 당신이 이렇게 우리에게 잡힌 걸 알면 은행은 당신을 어떻게 할까요?
>
> 웩슬러 대령 누구나 한 번은 죽게 마련일세.
>
> 샐린저 당신 기록을 봤는데, 이런 일에 목숨을 걸 사람은 아닌 것 같더군요. 전 도무지 이해가 안돼요. 자본주의의 추악함에 맞서 동독 비밀경찰로 30년간 자본주의와 싸웠던 장본인 아닙니까? 그런 당신께서 왜 하필이면 그토록 경멸하던 자본주의의 상징인 추악한 은행을 위해 얼마 남지 않은 인생을 이렇게 허비하고 계신 겁니까? 부인은 바람나서 도망가고, 딸은 자살하고. 베를린 장벽과 함께 당신 삶도 무너진 거죠.

보람된 일 하나 없이 가슴 쓰라린 과거와 회한으로 점철된 실패한 인생의 뒤안길에 쓸쓸히 서 있는 자신을 돌이켜 보는 웩슬러 대령.

비록 그 자신은 철저한 공산주의자이자 악명 높고 잔혹했던 구동독의 비밀경찰인 스타시 출신이었지만, 개인의 안위는 젖혀둔 채 정의를 구현하기 위해 한눈팔지 않고 열정적으로 임무를 수행

노련한 상대일수록 논리가 아닌 가슴을 노려라

하는 루이 샐린저를 바라보며 공산주의적 이상과 정의감에 부푼
채 소신껏 일하던, 이제는 잃어버린 젊은 날의 순수한 자신의 모습
을 발견한다.

샐린저의 말대로 이제는 얼마 남지 않은 이 고단하고 죄 많은
생의 마지막에 찾아 온 참회의 기회를 놓쳐서는 안 된다는 생각이
었을까? 아니면 정의라는 헛된 이상을 좇아 거친 숨을 몰아쉬며
힘겨워하는 샐린저가 측은해서일까? 이유야 어떻든 웩슬러는 법
을 초월한 IBBC라는 거대 국제 금융조직의 막강한 권력을 붕괴시
키고, 스카슨 회장을 잡아들일 수 있는 묘책을 일러 준다.

그토록 애타게 찾아 헤매던 스카슨 회장과 IBBC의 붕괴를 불러

협상은 영화처럼 영화는 협상처럼

올 묘안이 다름 아닌 스카슨 회장의 최측근 중에서도 충복인 그에게서 나올 줄 어느 누가 짐작이나 했을까? 그리고 보스를 배신하는 이 마지막 작전을 할 수 있도록 기회를 준 샐린저에게 차마 말하지 못하고 가슴 속 깊이 묻어둔 말 한마디가 암살자의 손에 죽어가는 그의 입가에서 맴도는 것 같다. "고맙네."

그리스의 철학자인 아리스토텔레스는 성공적인 연설의 3대 요소로 에토스(Ethos), 로고스(Logos), 그리고 파토스(Pathos)를 꼽았다. 현대 커뮤니케이션에서는 에토스를 연설자에 대한 청중의 신뢰나 호감으로 해석하며, 로고스를 논리력, 그리고 파토스를 연설자에 대한 청중의 감정적 순응으로 표현하기도 한다.

협상 초기에는 통상 호감과 신뢰 구축에 도움이 되는 에토스 전략을 구사한다. 그리고 본론에 들어가서는 여러 가지 사실과 분석을 치밀하게 전개하여 자신이 내린 결론과 제안을 상대가 논리적으로 수긍하고 받아들이도록 만드는 로고스 전략을 펼치게 된다. 일반적인 비즈니스 커뮤니케이션에는 이 에토스와 로고스가 대단히 강조되는 반면, 상대의 감정에 호소하는 파토스는 등한시되거나 기피하는 경우도 종종 볼 수 있다. 이유는 간단하다. 비즈니스에서 감정이라는 요소는 그다지 중요하지도 않고, 오히려 자칫 잘못 건드렸다가는 일을 망쳐 놓을 수도 있기에 가급적 '감정을 배제하는 것이 낫다'라는 일반론 때문이다.

그러나 나와 우리 회사에 대한 상대의 신뢰도나 호감이 그다지 높지도 않고, 제시한 계약 조건이나 내용이 경쟁업체에 비해 현격한 경쟁우위를 점하는 것도 아니라면 남은 방법은 이제 상대의 감정, 즉 마음에 호소하는 수밖에 없다.

그렇다면 도대체 마음에 호소한다는 것은 실제로 어떻게 하라는 말인가? 너무나 다양한 사람과 상황이 있기에 여기서는 필자의 경험담을 통해 살펴보자.

나이가 들면 누구나 결코 잊혀지지 않는 추억이나 회한의 기억 조각 몇 쯤은 가슴 속 깊이 묻어 두고 있기 마련이다. 더욱이 평생을 바쳐 온 직장을 떠나야 하는 은퇴시점에 이르면 지나간 세월의 장면 장면이 불현듯 너무도 또렷이 떠올라 섬뜩할 때도 없지 않다.

'그때가 참 좋았었지!' '그때 왜 그랬을까?' '그렇게까지 할 필요는 없었는데….' '그때로 다시 돌아갈 수만 있다면' 하는 속절없는 회한이 물밀 듯 밀려온다.

국제 협상 테이블에서 상대로 만난 그 역시 이와 비슷한 입장에 놓여 있었다. 그는 이름만 대면 다 알만한 글로벌 기업의 부사장이었다. 나이는 이제 예순을 갓 넘었을까 싶은데 필자가 협상 상대로 처음 만났을 때가 바로 몇 달 후에 은퇴를 앞둔 시점이었다. 부사장 지위까지 오르는 동안 청춘은 저만치 물러갔고, 서리 맞은 하얀 백발이 어느덧 검은 머리를 상당 부분 밀쳐내고 들어 앉아 있었다.

오랜 세월 국제 비즈니스로 전 세계를 섭렵한 탓인지 낯선 한국인인 나에게도 노회한 국제 비즈니스맨 특유의 여유와 노련미를 매끄럽게 연출하고 있었다. 그러나 우리 두 사람이 풀어야 할 협상 사안은 양사가 한 발자국도 뒤로 물러 설 수 없다는 단호한 입장으로 이미 반년 이상 실랑이를 벌여 오다 이제는 법정소송까지 불사하겠다는 초강경 자세로 돌입할 만큼 중요하고도 심각한 문제였다. 이미 사실 공방이나 논리적 당위성 다툼은 양쪽 다 더 이상 할 이야기가 남아 있지 않았다. 정말 끝까지 간 것이다.

이런 상황이다 보니 만족스러운 협상 결과를 책임진 필자로서는 여간 골치 아픈 상황이 아니었다. 양측 모두 최종 합의조건을 제시했으나, 그 어느 쪽도 만족할 수 없을 만큼의 큰 차이로 인해 이제 상호 협력적인 협상은 물 건너 간 것이나 다름없었다. 이처럼 법정소송을 본격적으로 준비할 만큼 비관적인 상황에서 필자는 그를 마지막으로 만나 최종담판을 짓기 위해 영국으로 날아갔다. 그리고 협상은 전혀 예기치 않은 것에서 실마리를 찾아 풀려가기 시작했다.

그 실마리는 바로 그 부사장과 필자가 협상 전에 주고받았던 각자의 출신에 대한 이야기와 필자에게 자녀가 다섯이 있다는 것에 깜짝 놀라며 자신은 네 명의 자녀와 두 명의 손주를 두고 있다는 지극히 사적인 이야기에서 흘러나오기 시작했다. 그리고 협상 중간에 인근 식당에서 점심을 나누면서 현재의 자리에 오르기까지 삼십여 년을 한 직장에서 누구보다 열심히, 그리고 한눈팔지 않고 정직하게 일해 온 자신의 지난 세월 에피소드를 들려주었고, 필자 역시 비슷한 경험담과 직장관을 피력했다. 우리 두 사람은 어느 새 오랫동안 잘 알고 지내온 직장 동료지간 같은 착각이 들 정도로 서로에 대해 호감을 느끼기 시작했다. 그리고 동시에 그가 더 이상 우리를 적으로 여기지 않고 있음을 느낄 수 있었고, 이러한 느낌은 마지막 협상 과정에서 틀리지 않았음을 분명히 알 수 있었다.

노련한 상대일수록 논리가 아닌 가슴을 노려라

후회 없이 최선을 다해서 일하고, 회사의 어려움을 마치 자신의 어려움처럼 애달파 하며, 그냥 곧이곧대로 솔직하고 맑은 심성으로 사실을 말하는, 어찌 보면 어수룩하기까지 한 필자를 비롯한 일행들과 이야기하며 조금씩 부드러워지던 그의 모습이 지금도 눈앞에 선연하다. 그는 점점 우리의 입장을 수긍하기 시작했고, 어느덧 우리가 제시한 최종 합의안을 긍정적으로 받아들이기 시작하고 있다는 것을 느낄 수 있었다. 동시에 협상에 동석한 다른 임원들이 그의 전향적인 태도에 짐짓 당황해 하는 모습 역시 목격할 수 있었다.

결국 그는 자신의 보스인 사장을 설득해 주었고, 우리는 목표했던 수준에서 합의를 이끌어 낼 수 있었다. 그것도 당초에 그가 결코 받아들일 수 없다고 강력하게 거부한 바로 조건으로 말이다.

은퇴라는 이름 아래 자신의 인생을 독점하다시피 했던 직장을 곧 떠나야 하는 노회한 비즈니스맨이 그 마지막 장을 뜻있고 보람 있는 일로 마감하고 싶었던 것은 아니었을까? 성공하고픈 욕망도 부를 쌓고 싶은 욕심도 인생의 황혼을 바라보며 하나하나 떨어버리고, 우리에게 선사한 의외의 배려와 마음 씀씀이는 그나마 그에게는 인생의 후회를 한 움큼 덜어낼 수 있었던 뜻밖의 기회였는지 모른다. 그리고 그는 가장 따뜻한 가슴을 가진 친구의 한 사람으로 필자의 기억에 남아 있다. 치열한 국제 협상의 전장에서 그렇게 소중한 친구까지 얻었다.

한 발자국도 물러설 수 없는 치열한 협상을 거듭하다 보면, 어느새 가슴 속 영혼의 숨결이 조금씩 흐려져 가는 것을 느끼게 된다. 그러나 영화 속 샐린저 요원의 대사, "저 노인네는 회개를 원하고

도와줄 수 있는 건 나뿐이오"를 기억한다면 우리가 오늘 진행하는 협상에서 기업의 이익뿐 아니라 한 사람의 숭고한 영혼까지 건져낼 수 있지 않을까? 그리고 그것이 바로 자신의 영혼일 수도 있을 것이다.

26

스토리텔링,
협상의 스텔스 전략

❧ **제목** : 바스터즈 : 거친 녀석들

❧ **원제** : Inglorious Bustards

❧ **제작년도** : 2009년

❧ **감독** : 쿠엔틴 타란티노

❧ **배우** : 브래드 피트, 크리스토프 왈츠, 멜라니 로랑, 일라이 로스, 다이앤 크루거,
마이클 패스벤더, 다니엘 브륄

이 영화에서 필자의 시선을 확 끌어당긴 배우는 주인공 브래드 피트가 아니라, 나치 친위대 장교인 한스 란다 역을 맡아 섬뜩하도록 호연을 펼친 독일 배우 크리스토프 왈츠였다. 타란티노 감독 특유의 긴 대사를 너무도 맛깔스럽고 천연덕스럽게 소화하는 한편, 블랙코미디 같은 뉘앙스를 거침없이 발산한 그의 연기는 다른 할리우드의 몸값 비싼 연기자들을 단번에 제압하는 기염을 토했다고밖에 달리 말할 수 없다. 아카데미 조연상을 비롯한 수많은 주요 영화제 상들을 싹쓸이 한 그의 연기 중 압권은 단연 도입부이다. 쉽게 눈에 잘 띄지 않으면서 물밑에서 치밀하게 전개되는 유럽식 심리협상의 진수를 함께 살펴보자.

———

심리적 호감을 형성하여 상대의 적대감과 저항을 누그러뜨려라

1941년, 독일군이 점령한 프랑스의 목가적인 외딴 시골마을. 젖소 몇 마리를 방목하는 라파디트와 그의 과년한 세 딸이 화목하게 살고 있는 오두막으로 일단의 독일군들이 느닷없이 들이닥친다. 라파디트는 익숙한 듯 딸들에게 침착하게 집 안으로 들어가라고 말한다. 딸들은 무언가를 준비하듯 급히 집 안으로 뛰어 들어간다. 차에서 내린 후 성큼성큼 다가오는 단신의 독일군 장교를 애써 불안감을 숨기며 긴장한 채 맞이하는 라파디트.

> 란다 대령 (유창한 불어로 공손하게) 이곳이 라파디트씨 댁이 맞습니까?
>
> 라파디트 내가 라파디트요.
>
> 란다 대령 만나서 반갑습니다. 저는 친위대 소속 한스 란다 대령이라고 합니다. 무슈 라파디트. 괜찮으시다면 잠깐 들어가서 몇 가지 여쭙고 싶습니다.
>
> 라파디트 네, 들어가시죠.

오두막 안으로 들어서는 두 사람. 라파디트의 아름다운 세 딸이 불안한 기색을 애써 감춘 채 이들을 맞는다. 사실 더 불안한 것은 라파디트. 짐승 같은 독일군들이 사랑하는 딸들에게 무슨 해악질을 하면 어떻게 하나 하는 생각에 조마조마하다.

> 라파디트 수잔, 와인 좀 갖다 주련?
>
> 란다 대령 (와인을 가지러 가는 수잔의 손목을 잡으며) 고맙지만 와인은 됐소. 여긴 축산 농가니까 우유는 있겠죠?
>
> 수잔 네.
>
> 란다 대령 (부드럽고 상냥하게) 그럼 우유 줘요.

유대인 사냥꾼으로 악명 높은 한스 란다 대령이 기어이 오고야만 것이다. 그동안 자신의 오두막집 마루 아래에 숨어 살고 있던 유대인 드레이퍼스 집안사람들이 오늘도 발각되지 않고 무사해야 할 텐데, 그리고 자신과 딸들도 별 탈이 없어야 할 텐데 등 오만 가지 걱정이 라파디트의 마음을 짓누른다.

그러나 그동안 겪어 온 여느 거칠고 무례한 독일군들과는 달리 유창하고 격조 있는 불어를 구사하며, 자신과 딸들에게도 깍듯하게 예의를 차리는 것을 보며 참 의외다 싶으면서도, 한편으로는 왠지 안도감이 조금 드는 것도 사실이다. 이야기는 들어 봐야 하겠지만, 일단은 별 문제 없겠거니 하는 막연한 생각에 라파디트 역시 당초의 긴장을 풀고 란다 대령과 모처럼 편안한 마음으로 이야기를 주고받기 시작한다.

유대인 사냥꾼이라는 듣기만 해도 소름 끼치는 악명을 오히려 자랑스럽게 여기고, 유대인은 박멸해야 할 기생충일 뿐 그 이상도 그 이하도 아니라고 생각하는 친위대의 란다 대령. 군홧발로 무자비하게 짓밟고 차마 입에 담지 못할 욕설과 저주를 퍼부으며 총칼을 들이대어 "더러운 유대인을 어디에 숨겼느냐"며 눈알을 부라릴 줄 알았는데 의외로 신사적인 행동을 하는 그에게서 안도감을 느끼는 라파디트처럼 사람들은 그럴 상황이 아닌데, 당초 예상하지 못한 극진한 대접이나 환대를, 그것도 자신보다 높은 지위나 권력을 갖고 있는 사람이 선선히 베풀어 줄 때 당혹스러움도 없지 않지만 내심 짜릿한 감동을 느낀다. 그리고 상대의 이러한 환대가 겉치

협상은 영화처럼 영화는 협상처럼

레가 아닌 진심임을 느낄 때, 그 이전에 갖고 있던 적대감이나 의심 등 갖가지 부정적인 생각들을 남몰래 회개하는 마음으로 훌훌 털어버리게 된다. 또한 이제껏 오해해 왔던 상대에게 미안한 마음까지 더해져 더 너그럽고 따뜻하게 상대에게 마음을 열게 된다. 사실 여부나 논리적인 판단에 따른 것이 아니라, 인간적인 순수한 마음과 이제까지 알아보지 못한 상대의 매력에 이끌리게 되는 것이다. 이것을 감정[감성]적인 호감(Emotional buy-in)이라고 부른다. 뜻밖의 좋은 느낌을 상대에게 심어주는 것이다.

기존에 부정적인 편견이나 관계가 설정되고 유지되어 온 상황에서, 자신의 제안이나 의도를 상대가 제대로 듣고, 충분히 이해하며, 갖가지 위험요소에도 불구하고 받아들이도록 하는 것은 어지간히 어려운 일이 아닐 수 없다.

만약 이런 상황에 놓여 있다면, '하다 보면 어찌 되겠지'라며 무작정 협상을 시작하려 하지 말고, 긴 호흡으로 상대에게 새로운 접근을 시도해 보기를 권한다. 상대를 진심으로 이해하고 배려하려는 진지하고 겸손한 자세와 의지, 말 한 마디 글 한 자에도 묻어나는 거짓 없는 순수한 협력 의지와 함께 하는 성공의 열정, 그리고 예기치 않은 기분 좋은 깜짝 환대와 전향적이고 긍정적인 태도의 변화는 차츰차츰 당신을 더 이상 적이 아닌 소중한 협력자이자 친구로서 받아들이게 해 줄 것이다.

협상? 이제는 협상이 아니다. 다만 마음을 다해 서로를 챙기며 함께 고민할 뿐이다.

소리없이 설득한다 : 협상의 스텔스(Stealth) 전략, 스토리텔링

라파디트의 집으로 들어선 후, 한참 동안 그 유창한 불어로 별 어려움 없이 이야기를 나누던 란다 대령. 이야기를 나누기가 불편하다며 라파디트의 딸들에게 자리를 비켜주기를 요청하고, 결국 두 사람만이 테이블을 마주 하고 앉아 말을 이어간다.

> 란다 대령 내 불어 실력 밑천이 슬슬 딸리네요. 계속 불어로 말하기 민망하군요. 듣자니 영어를 잘 하신다면서요?
>
> 라파디트 네.
>
> 란다 대령 여긴 당신 집이니 허락한다면 지금부터는 영어로 말합시다.
>
> 라파디트 뭐 그러시죠.

느닷없이 자신의 불어가 서툴러 힘드니 라파디트도 영어를 잘 하는 것으로 알고 있다며 이제부터는 영어로 이야기하기를 청한다(프랑스 촌구석에 이런 유창한 미국식 영어를 구사하는 농부가 있다니, 놀랍군!). 아무튼 마루 밑에 숨어 문자 그대로 숨죽이고 란다 대령과 라파디트의 말 한마디 숨소리 하나 놓치지 않고 듣고 있던 드레이퍼스 가족. 그러나 이제 영어로 하는 두 사람의 이야기가 도대체 어떻게 흘러가는지, 라파디트가 자신들이 이곳에 없다고 시치미를 잘 떼 주는지, 아니면 바로 그들 발밑에 자신들이 숨어 있다는 것을 알려주지나 않는지, 아니면 라파디트가 자신들에게 도망치라는 메시지를 넌지시 건네는 것은 아닌지, 이제는 종잡을 수 없는 답답함에 어쩔 줄 몰라 한다.

예의 부드러운 음성과 정중한 태도로 잠적한 유태인 가족들에 대한 질문을 이어 나가던 란다 대령. 돌연 자신의 별명인 유대인 사냥꾼에 대해 라파디트와 몇 마디 나눈다.

란다 대령 (만면에 함박 미소를 머금은 채 유창한 영어로) 내 얘길 들은 적 있소?

라파디트 (두려움과 증오가 뒤섞인 눈빛으로 쏘아보며) 네.

란다 대령 그것 잘 됐군요.

란다 대령 프랑스에서 내가 맡은 임무도 알고 있소?

라파디트 (한참을 뜸들이다) 네.

란다 대령 프랑스 사람들이 내게 지어준 별명이 뭔지 아십니까?

라파디트 알고 있습니다. 사람들은 당신을 유대인 사냥꾼이라고 부르죠.

란다 대령 정확합니다!

란다 대령 내가 그토록 효과적인 유대인 사냥꾼이 될 수 있는 남다른 자질, 즉 다른 대다수의 독일 병사들과는 전혀 다른 나만의 독특한 자질은 바로, '나는 유대인처럼(상대의 입장에서) 생각할 수 있다'는 점입니다.

······

란다 대령 독일인을 짐승에 비유하면 매에 가깝죠. 노련하고 강인한

스토리텔링, 협상의 스텔스 전략

포식자. 반면 유태인을 굳이 어떤 동물에 비유한다면, 아마
도 쥐새끼에 가깝죠. 따라서 매와 같은 독일 병사는 숨어 있
는 유태인을 찾기 위해 집을 뒤지는 경우 매가 찾아봄직한
그런 곳을 눈여겨 볼 겁니다. 헛간을 뒤지고, 다락을 뒤지고,
지하실을 뒤지죠. 즉, 매라면 숨어들만한 그런 모든 곳을 뒤
지는 거죠. 하지만 매가 전혀 상상할 수도 없는 곳은 수도
없이 많습니다. 총통께서 오스트리아 알프스에 가만히 잘
있던 나를 굳이 이곳 프랑스 목축지역에 가보라고 하신 이
유는 바로 내가 바로 그런 걸 아는 사람이기 때문이죠.

밑도 끝도 없이 시작된 매니 쥐니 하는 란다 대령의 이야기. 처
음에는 별 생각 없이 듣고 있었으나, 이야기가 진행될수록 왠지 모
르게 밀려드는 불안감과 압박감은 무슨 까닭인가? 그리고 이야기
의 끝에 란다 대령의 유도질문과 회유책에 꼼짝없이 말려든 자신을
발견하고 망연자실하는 라파디트.

란다 대령 인간이 양심의 가책을 버리면 어떤 공을 세울 수 있는지…,
　　　　　원칙상 난 명단에서 당신 가족의 이름을 지우기 전에 부하
　　　　　들을 불러들여 집 수색을 할 의무가 있소. 뒤지면 뭔가 수
　　　　　상한 게 꼭 나오죠. (말없이 듣고 있던 라파디트의 얼굴이 순
　　　　　간 일그러진다.)
란다 대령 당신이 먼저 말한다면 그런 수고는 덜겠지만, 어떤 정보든
　　　　　알려줘서 내 수고를 덜어주면 처벌은 없을 거요. 되레 그

반대로 큰 보상이 따르죠.

내색은 않으려 하지만 라파디트의 마음 속 갈등이 란다 대령의 말 한마디 한마디에 고조되고 걷잡을 수 없이 뒤흔들린다.

란다 대령 즉, 우리 군이 주둔할 동안 다신 괴롭힘을 당하지 않을 거란 얘기요.

이제 라파디트의 얼굴은 고뇌로 일그러지고 눈가에는 주체할 수 없는 눈물이 고이기 시작한다. 라파디트가 밀고할 준비가 되었음을 감지한 란다 대령. 이제는 정색을 하고 단도직입적으로 심문하기 시작한다.

란다 대령 독일의 적을 숨겨 주고 있죠?

라파디트 (맥없이) 네.

란다 대령 이 마루바닥 밑에 숨겨 놓고 있죠?

라파디트 (북받쳐 오르는 감정을 억누르며, 오히려 떨리는 목소리를 가다듬으며) 네.

란다 대령 그들이 어디 있는지 손으로 가리키시오.

어느덧 유태인을 숨겨 준 곳을 대라는 란다 대령의 나지막하지만 단호한 명령에 눈물을 머금고 마루 아래를 가리키는 라파디트. 유대인 사냥꾼 란다 대령의 치밀한 심리협상이 조용히 그러나 확실하게 상대를 제압하는 순간이다.

라파디트도 처음에는 결코, 아니 죽어도 발설치 않을 것이라 생각했을 것이다. 그래서 경계하고, 혹시라도 있을 유도심문에 절대 말려들지 않으리라 다짐하고 또 다짐했다. 그러나 이전의 여러 독일 장교들이 늘 하던 방식인 위협, 협박, 심문은 전혀 하지 않고, 깍듯이 예의를 갖춘 채 어찌 보면 좀 덜 떨어진 사람처럼 보이기까지 하는 란다 대령의 종잡을 수 없이 꼬리를 물고 이어지는 이야기 속에서 자신도 모르게 무방비 상태가 되어, 단 한 번의 결정적 질문에 눈물을 머금고 실토하는 라파디트.

협상은 영화처럼 영화는 협상처럼

이 시대 최고의 가치투자 전문가이자 거부로 알려진 워렌 버핏은 뛰어난 재담으로도 유명하다. IT산업의 급성장에 따라 주식시장이 연일 상종가를 칠 때 누군가 현재의 증시상황에 대한 의견을 물어 왔다. 그러자 그는 이렇게 대답했다.

"높은 파도가 밀려오면 모든 배들이 두둥실 떠밀려 올라가죠. 그러나 높았던 파도가 밀려가고 나면 누가 벌거벗고 수영하고 있었는지 대번에 알 수 있죠."

어려운 투자 전문용어 하나 없이 눈앞에 그림을 그리 듯 분명하고도 명쾌하게 전망을 분석한 것이다. 가히 촌철살인(寸鐵殺人)의 경지이다. 그러나 더 놀라운 것은 그의 이야기를 듣는 동안, 그리고 듣고 난 직후의 사람들의 반응이다. 첫 번째 공통된 반응은 터져 나오는 웃음이다. 웃지 않을 수 없다.

방금 그의 이야기대로 된다면 자신이 평생 고생고생해서 번 전 재산이 조만간 휴지조각으로 바뀐다는 날벼락 같은 전망이며, IT 주식을 옹호하는 애널리스트의 주식 전망이 완전히 틀렸다는 극도의 냉소에 찬 비판임에도 불구하고 일단은 아무 생각 없이 웃게 되는 것이다.

좀더 문제의 핵심으로 접근해 본다면, 그의 이러한 이야기를 사람들이 무방비 상태로, 아무런 반발 없이 즐겁게 듣고 일단은 수긍한다는 것이다. 수십 수백 쪽에 달하는 방대한 자료와 수치를 제시한 것도 아닌데, 기존의 드높은 그의 명성과 맞물려 사람들은 예의 꼼꼼한 분석이나 비판 없이 상당 부분 그의 주장을 자신도 모르게 순순히 받아들인다는 것이다.

이것이 스토리텔링(Story-telling)의 마술이다. 그리고 이 마술과도 같은 스토리텔링의 근간에는 비유와 상징적 은유라는 문학적 기법이 꼭꼭 숨겨져 있다. 손실, 수익, 비용, 리스크 등의 용어들은 듣기만 해도 논리적인 좌뇌가 작동되고, 동시에 듣는 사람의 심리는 긴장하게 된다. 이런 까닭에 귀에 들리는 즉시, 곧바로 부정적이고 호전적인 분석 모드로 이끌어 가는 이러한 차갑고 경직된 현실 용어나 상황 정보 대신에, 갖가지 비유로 대체된 이야기 한 토막은 새로운 정보에 민감한 좌뇌 뿐 아니라 감성적인 우뇌를 동시에 작동시켜, 좌뇌만 작동했을 때 야기될 수 있는 삼엄한 논리적 방호벽을 상당부분 우회통과할 수 있다.

한마디로 골치 아픈 이야기나 받아들이기 힘든 상황이 냉정하고 논리적인 검증 과정을 거치는 동안 거부당하는 위험을 피해가면서, 오히려 별 부작용 없이 상대가 고스란히 수용하도록 만드는 방법이 바로 이 스토리텔링 기법인 것이다. 더욱이 단순한 사실을 전달할 때보다 전하려는 메시지에 대한 효과가 몇 배 더 증폭되는 이점이 있음이 여러 연구에 의해 이미 밝혀졌다. 그런 까닭에 요즘은 스토리셀링(Story-selling)이라는 신조어까지 돌고 있다.

역사적으로 뛰어난 지도자들은 대체로 이 스토리텔링 기법으로 상대를 설득해 왔다. 예수 그리스도, 석가모니, 공자뿐 아니라 레이건 대통령 역시 그 놀라운 재담으로 역사적인 협상에서 성공을 이끌어 낸 것을 우리는 알고 있다. 상대를 설득하면서도 동시에 상대에게 강한 매력을 뿜는 스토리텔링 기법. 이제라도 배워두면 요긴한 협상의 스텔스 전략이다.

영어로 나눈 라파디트와 란다 대령의 결정적 대화를 이해하지 못한 탓에, 자신들의 은닉처가 이미 발각되었고 이제 곧 독일군에 의해 몰살당할 상황에 놓인 사실을 눈치 채지 못하고 있는 유대인 가족. 자리에서 일어나 라파디트가 가리킨 바로 그 위치로 다가가서는 말없이 이곳이 맞느냐는 손짓을 하는 란다 대령. 그리고 말없이 고개를 끄덕이는 라파디트.

란다 대령 동요가 없는 걸로 봐선 모두 영어를 못하나 보군. 다시 불어로 말할 테니 대답 잘 하시오.
라파디트 (울먹이며 그러나 단호하게) 네.
란다 대령 (불어로 게다가 아주 밝고 명랑한 목소리로) 므슈 라파디트! 맛있는 우유 잘 마셨소. 그만 가보겠소.

란다 대령은 소지품을 챙겨 들고 이제는 떠나려는 듯, 오두막 문을 열며 바깥을 향해 소리친다.

란다 대령 숙녀분들! 협조해 줘서 고맙습니다.

그러나 오두막 안으로 들어서는 사람은 라파디트의 딸들이 아닌 무장한 독일 병사들. 그들에게 라파디트가 가르쳐 준 장소를 손으로 가리키는 란다 대령.

란다 대령 너무 폐가 많았습니다. 그럼 무슈, 마드모아젤. 모두 안녕히

들 계시오. 아듀.

마루 밑에서 숨을 죽이며 불안에 떨고 있는 유대인 가족을 향해 독일 병사들의 가차 없는 총격이 가해진다. 그런 상황에서 사랑하는 가족들의 피로 범벅이 된 채 기적적으로 살아나 울부짖으며 들판을 가로질러 달아나는 쇼샤나. 영화의 한 축인 쇼샤나와 란다 대령의 악연은 그렇게 시작된다.

상대의 말꼬를 터
'실언'을 유도하라

🎬 **제목** : 세 얼간이

🎬 **원제** : 3 Idiots

🎬 **제작년도** : 2009년

🎬 **감독** : 라지쿠마르 히라니

🎬 **배우** : 아미르 칸, 마드하반, 샤르만 조쉬, 카리나 카푸르, 보만 이라니

인도 최고의 명문인 임페리얼 공대. 10억 인구의 나라에서 수백 대 일의 경쟁률을 뚫고 입학했으니 가히 천재라 불릴만한 200명의 신입생들 가운데 같은 기숙사 방을 쓰게 된 세 친구. 출세가 보장된 '공학자'가 되기 위해 동물사진 작가의 꿈을 접은 파르한(마드하반). 전신마비로 병석에 누운 아버지와 지참금이 없어 노처녀로 늙어 가는 누나를 생각하면 어떻게든 대기업에 취직해야 하는 소심한 라주(샤르만 조쉬). 그러나 이들의 성적은 언제나 입학 후 줄곧 끝에서 1, 2등. 그에 반해 부잣집 아들인데다 언제나 1등을 놓치지 않는 괴짜 천재 란초(아미르 칸). 영화 제목인 세 얼간이는 영화를 보고 나면 '진정한 세 천재'로 바뀌게 된다.

자신이 정말 좋아하는 일을 찾고, 그것을 해야 한다는 간단한 진리를 현실에서 이루는 사람은 정말 몇 안 된다는 암울한 현실을 영화로 보면서, 나이에 관계없이 과연 지금 나는 참다운 나의 인생을 살아가고 있는 것인가를 스스로에게 묻게 만든다.

아는 것이 많아 이것저것 따지는 영화전문가들에게서는 그다지 후한 점수를 받지 못했지만, 대학 입시를 비롯한 치열한 경쟁의 연속에서 누구도 자유롭지 못한 대한민국 성인과 학생들에게 신선한

협상은 영화처럼 영화는 협상처럼

충격을 가져다 준 영화임에 틀림없다.

———

질문하라! 질문하라! 질문하라!

어느 날, 라주로부터 전신마비로 와병 중인 아버지가 위독하니 급히 집으로 와 달라는 전화를 받고, 라주의 아버지를 응급실로 모셔다 드리고 밤새 병상을 함께 지키다 그만 곯아떨어진 세 얼간이. 공공의 적인 바이러스 교수의 딸이자 란초의 연인이기도 한 피아가 흔들어 잠에서 깨어나 보니, 아뿔사 30분 후면 시험 시작이 아닌가. 피아의 낡은 스쿠터에 함께 타고 부랴부랴 학교에 도착해 교실로 들어섰지만 시험시간은 이미 30분이나 경과한 시각. 정신없이 답안지를 채워나가는데 벌써 감독 교수는 시험 종료를 알린다.

　란초 5분만 더 주세요. 30분이나 늦게 시작했잖아요. 응급상황이었어
　　　요. 제발.

　잠시 세 얼간이를 잡아먹을 듯이 노려보던 교수는 제출된 답안지를 정리하기 시작한다. 얼마 후, 마침내 시험을 마친 란초가 답안지를 교탁에 내려놓는다.

　란초 다 했습니다.(파라한과 라주도 종종걸음으로 답안지를 들고 나온다.)
　교수 늦어서 받아 줄 수 없네.

란초 교수님, 제발요.

(교수는 대꾸도 않고 조롱하듯 웃으며 답안지만 정리하고 있다.)

란초 (정색을 하며 교수를 매섭게 노려본다) 제가 누군지 모르시나요?

교수 (답안지 정리를 잠시 멈추고 란초를 노려보며) 자네가 대통령 아들

　　이라도 받아줄 수 없네.

란초 (파라한과 라주의 답안지와 자기의 답안지를 한 데 모아 쥐며) 저희들

    이름이랑 학번도 모른다구요?

교수 (어리둥절해 하며) 모르지. 너희들이 누군데?

란초 (자신들의 답안지를 교탁 위의 답안지들과 마구 뒤섞어버리며) 우리

    를 모른단다. 튀어!

교수 (신나서 달아나는 얼간이들의 뒤통수에 대고) 너희들 학번이 뭐야?

    이런, 저놈들 답안지가 도대체 어느 거야? 신이여 자비를 베푸

    소서. (아무리 답안지를 뒤져본들 어느 것이 얼간이들 것인지 알 수는

    없는 일. 분통을 터뜨린다.)

1962년부터 1986년까지 20여 년 간 사우디아라비아의 석유장관으로서 재임기간 중 '석유의 황제', 'OPEC의 실세'로 불리며 천재적인 지략과 협상으로 천혜의 자원인 석유를 메이저 석유회사의 손아귀에서 빼내 중동국가들이 오늘의 석유 부국으로 거듭날 수 있도록 한 사람이 바로 셰이크 아메드 자키 야마니이다.

미국 석유회사의 고위 임원이었던 한 사람은 당시의 기억을 떠올리며 야마니의 독특한 협상기술을 다음과 같이 기술하고 있다.

"야마니는 언성을 높이지 않고 항상 속삭이는 스타일이었지요. 그가 가진 비장의 책략은 상대방의 논리에서 함정을 발견하기 위해 유사한 질문을 다각적인 방식으로 계속함으로써 상대방을 기진맥진하게 만들어 버리는 것이었습니다. 자신에게 유리한 논리개발에는 탁월한 면이 있었어요."(출처: 석유황제 야마니, The Inside Story, YAMANI)

당초의 예상과는 달리, 상대를 주눅 들게 하지 않는 온화하고 격의 없이 친근한 태도에다 다정한 목소리로 다가오는 사람들에게 대부분의 사람들은 차츰차츰 적개심이나 경계심을 풀기 마련이다.

그렇게 좋은 첫인상으로 호감을 형성하고 상대의 방호벽을 허문 다음 이런저런 질문을 툭툭 던져 자신이 원하는 정보를 하나씩 하나씩 낚시하듯 건져 올리라는 이야기이다. 란초가 교수에게 "제가 누군지 모르시나요?" "저희들 이름이랑 학번도 모른다구요?"라고 재차 질문하며 자신에게 필요한 정보를 캐내듯이 말이다. 그럴듯하다. 그리고 그다지 어렵게 느껴지지도 않는다.

그러나 협상의 제1요소인 정보를, 그것도 핵심정보를 호감 가는 상대가 묻는다고 기다렸다는 듯 술술 답해줄 사람은 없다. 그렇다면, 내가 원하는 정보를 별 경계심 없이 혹은 이 정도는 괜찮겠지라고 무심결에 내뱉게 할 수 있는 방법은 없을까?

———

상대의 말꼬를 터 '실언'을 유도하라

정보가 부족하면 부족할수록 나보다 상대로 하여금 더 많은 말을 내뱉게 하는 것은 대단히 중요하다. 말이 많아지다 보면 부지불식간에 할 말 안 할 말 다하게 되는 상황에 도달한다. 결국 '실언'을 하기에 이른다. 상대의 부질없는 실언이 치밀하게 준비된 역정보 전략이라면 모를까 더 없이 소중한 '정보'이다.

란초의 계속된 질문에 "모르지. 너희들이 누군데?"라며 세 얼간

협상은 영화처럼 영화는 협상처럼

이들이 답안지를 뒤섞을 근거를 마련해주는 교수의 결정적인 말처럼 상대의 실언을 통해서 새로운 정보를 얻거나, 잘못된 정보를 바로 잡거나, 또는 상대가 파악하고 있는 우리측에 대한 정보를 역으로 추론할 수 있는 기회를 잡을 수 있는 것이다.

왜 이번 거래를 하려고 하는지, 내부에 무슨 상황변화가 있는지, 실제 목표 가격은 얼마인지, 우리를 어디까지 파악하고 있는지, 우리 말고 다른 대안이 있는지 없는지 등 성공협상에 필수적인 정보들을 획득하고 확인할 수 있는 것이다.

예수회 신부이자 스페인의 대표적 모럴리스트 작가였던 발타사르 그라시안 이 모랄레스(1601~1658년)의 이야기처럼 "진실을 말할 때는 그것을 숨길 때만큼이나 주의를 기울여야" 하는 것을 망각하도록 유도하는 전략인 것이다.

그러나 이것만으로는 충분치 않다. 상대가 애써 숨기려는 진실을 제대로 콕 짚어 낼 수 있는 능력, 즉 탁월한 '경청'의 능력이 요구된다.

———

온 몸과 마음을 기울여 '경청' 하라! 그래야 들린다!

상대의 이야기를 건성으로 듣다 보면 상대의 진의나 계략을 파악하지 못하게 된다. 따라서 정보가 부족하거나 왜곡되기 십상이고, 그러한 정보를 근거로 한 부적절한 협상전략을 수립하여 시행할 수밖에 없다.

1941년 7월 2일, 일본 천황이 소집한 어전회의에서는 두 가지 주장이 팽팽히 대립하고 있었다. 독일과의 동맹을 지키기 위해 대소 참전을 위해 '북진'을 해야 한다는 주장과 영국이나 미국과의 대접전이 불가피하지만 석유 등의 자원을 확보하기 위해서는 동남아를 향해 '남진'을 해야 한다는 주장이 엇갈리고 있었다.

그때 리하르트 조르게라는 희대의 스파이가 도쿄에서 언론사 특파원으로 암약하고 있었다. 그는 당시 수상이었던 고노에 후미마로 등 일본 최고위층과의 돈독한 사적 친분관계를 바탕으로 일본이 '북진'할 것인지 '남진'할 것인지를 알아내려고 혈안이 되어 있었다.

그러나 아무리 친한 사이라 하더라도 국운이 걸린 정보를 쉽사리 흘려주지는 않았다. 결국 그가 택한 방법은 넌지시 물어 보는 것이었다고 한다. '남'이냐 '북'이냐? 그의 질문에 대한 답은 '북'은 아니라는 뜻으로 약하게 고개를 가로젓는 것뿐이었다. 하지만 그것으로 충분했다. 그날 밤 그는 모스크바로 짧은 전문을 날렸다. '일본은 남향하고 있다. 소련을 도발할 마음은 없다.'

결국 이 한 장의 짧은 전문이 스탈린에게는 독-소 전쟁에서의 역전승을, 히틀러에게는 대유럽통일 대업의 좌절, 그리고 종국에는 제2차 세계대전에서의 패전을 가져왔으니, 역사가들의 평가대로 20세기 최고의 스파이라 아니할 수 없다. 그는 '소련을 구한 스파이'로서 구소련의 KGB에서 영웅으로 칭송받았다고 한다.

협상의 시작은 상대의 말을 듣는 것에서 시작되고 상대가 자신의 제안을 수락하는 말로 끝이 난다. 상대의 이야기를 건성으로 들

협상은 영화처럼 영화는 협상처럼

고 자신의 말만 하다가는 상대의 진의나 계략을 파악하지 못하게
되고 결국 자기 무덤을 파는 꼴이 되고 만다.

한 때, 수억 달러에 달하는 사업을 주무르며 마피아의 젊은 천재
보스로 이름을 날렸던(물론 결국 FBI에 체포되었지만) 마이클 프란지스
는 그의 자서전적 저서인《거절할 수 없는 제안을 던져라(I'll Make
You an Offer you Can't Refuse)》에서 "비즈니스를 할 때는 남의 말을
잘 듣는 사람이 되어야 한다. 남의 말을 경청하는 것은 자신에게 중
요한 영향을 미칠 의사결정을 하거나 행동을 취하기 전에 필요한
정보를 모을 수 있는 여건을 제공해 주기 때문이다. 왜냐하면 협상
에서 가장 중요한 것은 문제를 명확하게 짚어낸 후에 '정곡'을 찌르
는 해결책을 제시하는 것이다"라고 명쾌하게 이야기하고 있다. 그
래서 흔히들 경청하는 가장 중요한 이유와 목적이 상대로부터 결정
적 정보를 캐내기 위해서라고 한다. 맞는 말이다.

협상에서 열세인가? 말을 아껴라! 우세인가? 말을 아껴라!

실전 비즈니스 협상에서 경청이 필요한 진짜 이유는 다른 곳에도
있다. 협상컨설팅이 주업이며 수많은 국내외 협상을 치러오면서 필
자가 생각하는 '경청'의 다른 말은 '말을 삼가는 것'이다. 말이 많으
면 꼭 실수하기 마련이기 때문이다.

굳이 강태공의 복수부반(覆水不返)이라는 고사를 들먹이지 않더
라도, 협상에서 '뱉어버린 말'로 표현되는 '말실수'처럼 협상을 위

상대의 말꼬를 터 '실언'을 유도하라

험에 빠뜨리고 실패로 몰아가는 치명적인 실책은 없다. 언제 무슨 말을 하는지도 중요하지만 언제 입을 다물어야 하는지를 아는 것은 협상에서 더더욱 중요하다.

마피아 보스 마이클 프란지스도 마피아 선배이자 멘토인 그의 아버지로부터 귀에 못이 박이도록 들은 말이 바로 "총이나 칼보다 더 위험한 건 자신의 '입'이다. 입을 다물어야 할 때가 언제인지 알아야 한다"였던 것이다.

협상 테이블에서 밀리는가? 어떻게 약세를 보완할 수 있을까? 가장 손쉽고 효과적인 방법은 다름 아닌 바로 '말'을 아끼는 것이다. 말을 적게 할수록, 한 마디를 하더라도 적절하고 간결하게 할수록 상대는 당신을 두려워하게 될 것이다.

협상은 영화처럼 영화는 협상처럼

슈퍼 갑, 을사늑약(乙死勒約)

슈퍼갑, 슈퍼을. 이것은 시장에서 독점적 시장 점유율과 지위를 갖춘 단독 공급자(Sole Provider)의 위치에 있는 기업들이 협상불가 조건이라며 무조건적으로 자신들의 계약조건을 수용할 것을 요구할 때, 약자의 입장에서 과도한 부담을 어쩔 수 없이 떠안고 거래를 하는 상인이나 업체, 기업들이 쓰는 용어이다. 유수한 글로벌 기업들이 이윤을 극대화하기 위해 취하는 사실상 비윤리적인 행위이다.

필자는 협상컨설팅을 하면서 이러한 슈퍼갑의 극심하고 비윤리적인 횡포를 막을 수 있는 협상전략이 없는지를 애타게 찾는 우리나라 기업들을 무수히도 만났고 같이 고민했던 기억이 생생하다. 사실 현재진행형의 문제이기도 하다.

제조나 판매업의 경우에는 가격, 물량, 지불조건, 납품시기의 일방적 합의 등으로, 건설이나 중공업, 플랜트, 엔지니어링 산업의 경우에는 우리나라의 대표적 대기업들조차 해외 슈퍼갑들의 특정 제품, 특정 기술업체, 특정 조건 등의 무조건적 강요로 인해 많은 애로와 수모를 지금도 겪고 있다. 분통이 터지는 상황을 논의하다 보면 애국심이 절로 우러나기도 한다.

근자에는 일부 국내 기업들이 한때 자신들이 당했던 수모를 고스란히 납품업체에게 시행하는 경우도 다반사인 듯하다. '상생(相生)'이 아닌 '독생(獨生)'적 태도이다. 연말에 주체할 수 없는 수익을 내면서도 이미 어려운 상황의 중소 납품업체에게는 부당하게 무조건적인 원가절감 등을 요구하는 기업들이 여기에 해당할 것이다. 믿기는 하지만 일본의 일부 양심적인 기업들이 보여주는 하청업체와의 상생경영이 결국에는 더 나은 품질과 로열티를 구축하여 시장의 진정한 승자가 된다는 것을 보여주고 있지 않은가?

그러나 기초적인 윤리의식과 사회성을 도외시한 '탐욕이 선이고, 정의이다(Greed is good. Greed is right)'로 대변되는 미국과 유럽의 왜곡된 이익 최우선 이념, 이익창출이 '궁극의 선'이라고 외치는 악마적 비즈니스맨들의 '을사늑약(乙死勒約)'과 같은 비즈니스 협상을 극복할 수 있는 협상강국 대한민국 만들기에 이 책이 조금이나마 일조했으면 하는 바람이다.

박상기 드림